JN132544

2025年春
志望校 合格判定テスト
実力診断

その1・その2

正答例と解説

《国語》 その1

一 ①りだつ ②くうきょ ③つの ④い
　　⑤積極 ⑥粉末 ⑦祝 ⑧拾

二 問一．苦しみを減らす活動／喜びをもたらす活動　　問二．d
　　問三．文化…外見や調度が美しく、心のゆとりを与えてくれる
　　こと。　文明…雨露をしのいで休息と睡眠をとれること。
　　問四．被災地にお見舞いに行ったとき、人々が、生活が厳しい
　　中でも文化としての楽しみを得ようとして書物を探していたか
　　ら。　　問五．ア　　問六．先人たちの残してくれた知識
　　問七．（例文）将来自分がなりたい職業や、趣味やボランティ
　　アでやってみたい活動を具体的に考え、そのために役立ちそう
　　な知識を学校の学習の中で見つけようと心がければよい。

問二　dは、物事の性質や状態を表す語で、活用があり、終止形
　　が「〜だ」となるので、形容動詞。aは動詞の連用形が、bは
　　形容詞の連用形が名詞になったもので、cは形容動詞「不便だ」
　　の語幹に接尾語「さ」がついて名詞になったもの。これらの名
　　詞を転成名詞という。
問三　この前の内容より、「文明」は、「苦しみを減らす活動」で
　　「なくてはならない必要なものを生み出す」ものである。一方
　　「文化」は、「喜びをもたらす活動」で「命の維持を超えた価値
　　を作り出し、人間らしい生活を提供」してくれるものである。
　　よって家屋では、「外見や調度が美しく、心のゆとりを与えて
　　くれる」という面が「文化」に、「雨露をしのいで休息と睡眠
　　をとる」ことができるという面が「文明」にあたる。
問四　筆者が東日本大震災の後、被災地にお見舞いに行ったとき、
　　「被災した人々が〜生活が厳しい中でも〜文化としての楽しみ
　　を得ようとして書物を探していた」。書物（＝文化）は、衣食
　　住のような生命の維持に必須のものではないと思われがちだ
　　が、人々が、生活が安定しない中でも書物を必要としていたこ
　　とから、筆者は「人間は根源的に文化を必要としている」と感
　　じた。だから「不必要な贅沢品」だとは言えないのである。
問六　最後から3段落目に「何かをうまく達成するためには、先人
　　たちの残してくれた知識が役に立ちます。ひとつ目の『見取り
　　図や地図のようなもの』がそれにあたります」とある。
問七　筆者は、「何かができるようになりたい」と思う気持ちが「学
　　ぼうとする意欲」につながると考えている。この気持ちがある
　　から、知識を得たいと思うのである。最後から2段落目に、こ
　　の気持ちは「まさに何かをやってみたり〜楽しみを与えてくれ
　　ているのを知る経験から生まれます」とあること、最後の段落
　　に「具体的に何かができるようになりたいという意欲が、知識
　　とスキルの必要性を理解させ〜改良しようとする気持ちにつな
　　がります」とあること等を参考に、自分の考えをまとめる。

三 問一．新弟子が自分より上手く仕事をこなすのではないかと不
　　安になっていたから。　　問二．ウ　問三．イ　問四．怒
　　られることや失敗することがあっても、一年間、逃げずに、真

面目に頑張ってきたところ。　　問五．ア　　問六．担いでい
る太鼓を、兄弟子がトトントントンと打ち鳴らす音
問七．名古屋場所　　問八．初め…青空に　終わり…かった
〔別解〕った。　　問九．篤は、ずっと目標にしてきた直之さ
んからこの一年の努力や成長を認められたことで自信が芽生え
たから。

問一　4〜5行後の「その新弟子は〜そのうち自分より上手くこな
　　すかもしれないと不安になり」に、傍線部①のときの篤の気持
　　ちが書かれている。
問二　「異変」とウの「河川」は、同じような意味の漢字の組み合
　　わせ。アは反対の意味の漢字の組み合わせ。イは上の漢字が主
　　語で下の漢字が述語になっている。エは「（下の漢字）を（上
　　の漢字）する」の形になっている。オは上の漢字が下の漢字を
　　修飾している熟語。
問三　「仕切り直す」は相撲から生まれた言葉。両力士の呼吸が合
　　わず、仕切りをやり直すという意味がある。
問四　直之さんの、傍線部③と④の間の言葉「お前は怒られること
　　も失敗することもたくさんあったけどさ、一年間、逃げずに
　　やってきただろ。ちゃんと、お前は頑張ってたよ」「この一年、
　　真面目にやってきた〜お前がこの仕事に真剣になってる証拠だ
　　よ」等からまとめる。
問五　3行前の「直之さんは急に真顔になって、もう二度とこんな
　　こと言わねえからな」から、直之さんが、篤をほめて励ました
　　ことに照れていることがうかがえる。しかし、篤が自分の言葉
　　を素直に受け取ってお礼を言ったので、力になれたとうれしく
　　思っていると考えられる。よってアが適する。
問七　傍線部⑤の直後からが後半の場面である。前半は名古屋場所
　　の準備の後に喫茶店に行った場面、後半は名古屋場所前日の土
　　俵祭の場面である。
問八　幟を「鮮やかな彩りを添える」、櫓を「空に向かって〜粋で
　　気高く、美しかった」と、美しく良いものに感じていることか
　　ら、篤が相撲の世界に魅力を感じていて、呼出の仕事に前向き
　　に取り組むであろうことが予想できる。
問九　新弟子が入ることを知り、不安を感じていた篤だが、目標と
　　してきた直之さんが「大丈夫。お前なら、これからもちゃんと
　　やっていける」と言ってくれたことで、「そっか。こんな俺で
　　も、大丈夫なんだな」と自信を持つことができた。

四 問一．カ　　問二．「若者言葉」に乱れを感じている割合は
　　「十六〜十九歳」が最も高いのに対し、「二十代」は最も低い
　　問三．（例文）基本調査においてこの項目の数値がそれほど高
　　くないのは、人々が慣用句を本来とは異なる意味で認識してい
　　ることに気づいていない場合が多くあるからではないでしょう
　　か。言葉の意味が時代と共に変化するのは自然なことではあり
　　ますが、本来の意味を理解することも大切だと思いました。

1 (1)①アボリジニ　②2811　③カナダ　④エ　⑤露天掘り
⑥ⅰ．強い偏西風のために，東京からは追い風，ニューヨーク
からは向かい風になるから。　　ⅱ．12，1，午後6
(2)①記号…D　国名…サウジアラビア　②記号…c　正しい語
句…OPEC〔別解〕石油輸出国機構　(3)イ

(1)②　18618 × 0.151 ＝ 2811.3…
③　地図1を見ると鉄鉱石の輸入先上位として，オーストラリア，
ブラジル，南アフリカ共和国，カナダが塗られている。
④　ア．オーストラリアは大西洋に面していない。イ．オースト
ラリアも東経135度線は通る。ウ．南極大陸からは輸入していない。
⑥ⅰ　中緯度帯には偏西風，低緯度帯には貿易風が吹く。
ⅱ　経度差15度で1時間の時差が生じる。日本は東経135度
の経線を標準時子午線としているから，経度差は 135 ＋ 75
＝ 210（度），時差は 210 ÷ 15 ＝ 14（時間）ある。羽田空港
を出発したときのニューヨークの時刻は12月1日午前5時
だから，到着時間は13時間後の12月1日午後6時。
(2)①　Aはクウェート，Bはカタール，Cはアラブ首長国連邦。
②　APECは，アジア太平洋経済協力の略称である。
(3)　南半球には冷帯地域はないことを覚えておく。アは乾燥帯，ウ
は熱帯，エは寒帯，オは温帯。

2 (1)ペキン／札幌　(2)沖ノ鳥島が水没し，日本の排他的経済水
域が減少することを防ぐため。　(3)イ　(4)①［A，松江市］
［C，高松市］［D，松山市］　②三角州〔別解〕デルタ
③夏の季節風は四国山地を，冬の季節風は中国山地をそれぞれ
越えるときに雨や雪を降らせ，乾いた風が瀬戸内地方に吹き込
むため。　④エ　⑤ウ　(5)イ
(6)①立地場所…臨海部に立地している。
理由…原料や燃料となる原油のほとんどを海外からの輸入に依
存し，その輸入と製品の輸出に船を利用するため。
②太平洋ベルト　(7)瀬戸大橋が開通したから。

(1)　熊本を中心としてウラジオストクを通る円を描くと，ペキンと
札幌が円の外になる。
(2)　島の名称がないものは0点とする。排他的経済水域は，沿岸か
ら200海里以内の海域のうち，領海を除く範囲で，水産資源や鉱
産資源を自国のものにできる。
(3)　bは青森県，cは三重県，eは長崎県。リアス海岸や多数の島
があると海岸線は長くなる。
(4)③　夏は太平洋側に雨が多く降り，冬は日本海側に雪が多く降る
ことで，瀬戸内や中央高地は1年を通して降水量が少ない。
④　（65歳未満の人口）＝（総人口）－（65歳以上の人口）より，
Aは442（千人），Bは1980（千人），Cは649（千人），Dは895
（千人），Eは448（千人）だから，B＞D＞C＞E＞Aになる。
⑤　等高線の間隔が広いほど，斜面の傾斜は緩やかになる。広葉
樹林の地図記号は（Q）である。東側の（Λ）は針葉樹林。

(5)　2000年度以降の果実の自給率が50%を下回っていることから，
2000年度以降の果実の輸入量は，果実の国内生産量を上回って
いることがわかる。
(6)①　臨海部に立地していることが書けていればよい。
(7)　瀬戸大橋は，自動車と電車での通行が可能なため，大人も子ど
もも容易に移動できる。

3 (1)⑦，⑨　(2)①戦いの名称…白村江の戦い　記号…イ
②ウ　③水城　(3)①⊗太政大臣　⊙自分の娘を天皇に嫁が
せ，生まれた子を天皇　②エ→イ→ア→ウ　③ウ　④⊗倭寇の
取り締まり　⊙勘合　(4)①ア　②座の特権をなくし，市場で
の税を免除して商工業を活発にするため。　③関所　(5)⊕
(6)①ア　②ロシアを警戒して蝦夷地の調査をしたり，幕府への
批判にもつながった異国船打払令を出したりすることで，鎖国
を続けた。　　(7)⊗立憲制国家としての体制　⊙ロシアの南下
を抑える　(8)①満州国を承認せず，日本軍
②ア→ウ→エ→イ

(1)　Pは⊕（福岡県），Qは⊕（兵庫県），Rは⊕（大阪府），Sは⊕（愛
知県），Tは⊕（長崎県），Uは⊕（神奈川県）。
(2)①　大化の改新を始めた中大兄皇子は，百済の復興を助けるため
に，663年に白村江に出兵したが，唐と新羅の連合軍に大敗した。
③　防御施設として，水城や山城が築かれた。
(3)①　平安時代，母子は母の実家で生活するため，母方の祖父の影
響力が強かった。
②　エ（1185年）→イ（1192年）→ア（1221年）→ウ（1232年）
③　日明貿易を始めたのは足利義満だから，ウの金閣を選ぶ。
アは厳島神社，イは東大寺南大門，エは法隆寺。
④　⊗は倭寇という語句がないものは0点とする。
(4)①　鉄砲は，中国船に乗っていたポルトガル人が伝えた。
②　座の特権をなくすこと，市場での税を免除することが書けて
いればよい。
③　織田信長は，物資や兵力を輸送しやすいように道路を整備し，
関所を廃止した。
(5)　東京港と比べて貿易額が少なく，貿易相手が東アジアに限定さ
れていることなどから，大陸と近い博多港と判断する。
(6)①　レザノフは，ラクスマンの得た入港許可証を携えて長崎に来
航し通商を求めたが，幕府に拒否された。
②　ラクスマンとレザノフはロシアの使節，フェートン号はイギ
リスの船。幕府はロシアとの通商を断る一方で，間宮林蔵や近藤
重蔵らに蝦夷地の調査を行わせ，蝦夷地を幕領にして，ロシアの
南下に備えた。また，異国船打払令を出し，モリソン号を攻撃す
ると，これを批判した高野長英や渡辺崋山を処罰した（蛮社の獄）。
(8)①　中国が日本の武力侵略を国際連盟に訴えると，国際連盟は，
リットン調査団を派遣した。
②　ア（1940年）→ウ（1945年）→エ（1951年）→イ（1972年）

1 (1) $2-(-4)\times3=2-(-12)=2+12=14$

答　$\boxed{14}$

(2) $7(a+3b)-(4a-b)=7a+21b-4a+b=3a+22b$

答　$\boxed{3a+22b}$

(3) $(x-2)(x+1)-(x-5)^2=x^2-x-2-(x^2-10x+25)=$
$x^2-x-2-x^2+10x-25=9x-27$

答　$\boxed{9x-27}$

(4) $\dfrac{16}{\sqrt{2}}-\sqrt{18}=\dfrac{16\sqrt{2}}{2}-3\sqrt{2}=8\sqrt{2}-3\sqrt{2}=5\sqrt{2}$

答　$\boxed{5\sqrt{2}}$

2 $4x^2-12x-40=4(x^2-3x-10)=4(x-5)(x+2)$

答　$\boxed{4(x-5)(x+2)}$

3 $\dfrac{3}{4}x-1=\dfrac{3}{8}x+2$

両辺を8倍すると，$6x-8=3x+16$　　　$6x-3x=16+8$

$3x=24$　　　$x=8$

答　$\boxed{x=8}$

4 $(3x^2y-15xy^2)\div(-6x)=-\dfrac{3x^2y}{6x}+\dfrac{15xy^2}{6x}=-\dfrac{1}{2}xy+\dfrac{5}{2}y^2$

この式に $x=-\dfrac{2}{3}$，$y=6$ を代入すると，

$-\dfrac{1}{2}\times\left(-\dfrac{2}{3}\right)\times6+\dfrac{5}{2}\times6^2=2+90=92$

答　$\boxed{92}$

5 谷折りで組み立てると，右図のように
なる。平行ではなく交わらない2直
線があるとき，この2直線はねじれの
位置にある。辺DEは辺BAと重なる
ので，○印で示した辺CFと辺HFが，
辺DEとねじれの位置にある。

答　$\boxed{\text{辺CF，辺HF}}$

6 (1) （相対度数）$=\dfrac{(\text{その階級の度数})}{(\text{度数の合計})}$ だから，$\dfrac{7}{35}=0.2$

答　$\boxed{0.2}$

(2) 第3四分位数は，データを大きさ順に並べたときの上位半分
の中央値である。データが35個で奇数だから，中央値を除いて
半分に分ける。第3四分位数は上位の $\dfrac{35-1}{2}=17$（個）のデータ
の中央値だから，大きい方から9番目のデータである。この
データが含まれる階級は20m以上25m未満である。

答　$\boxed{\text{20m以上25m未満}}$

7 2本の当たりくじを①，②，3本のはずれくじを3，4，5とす
る。すべてのくじの引き方は，下の樹形図の20通りある。

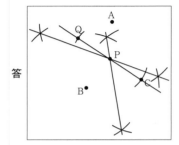

そのうち，2人ともはずれくじを引く引き方は○印の6通りであ
る。よって，求める確率は，$\dfrac{6}{20}=\dfrac{3}{10}$

答　$\boxed{\dfrac{3}{10}}$

8 点Pは，2点A，Bからの距離が等しい位置にあるので線分
ABの垂直二等分線上にある。同様に考えると，点Pは線分BC，
CAの垂直二等分線上にもあるので，線分AB，BC，CAの垂
直二等分線のうち2本をひく
と，その交点がPとなる。

点Qは，点Pを回転の中心と
して，点Cを180°回転移動し
た点なので，直線CP上にあ
り，PC＝PQとなる。

答

・正しい作図方法であれば，ほかの方法でもよい

・「P」，「Q」の書き落としはそれぞれ1点の減点とする

9 学校から動物園までの道のりを文字式で表すと$(x+y)$mで，
分速80mで歩いて50分かかったのだから，$x+y=80\times50$……①
動物園を出発し，学校まで帰るのにかかった時間の合計が70分だ
から，$\dfrac{y}{70}+10+\dfrac{x}{60}=70$……②

連立方程式 $\begin{cases} x+y=80\times50 \\ \dfrac{y}{70}+10+\dfrac{x}{60}=70 \end{cases}$

・変形して正答例と同じになる式が書かれていれば，1つにつき1点とする

①を整理すると，$x+y=4000$……③

②を整理すると，$7x+6y=25200$……④

④－③×6より，

$\begin{array}{r} 7x+6y=25200 \\ -)\ 6x+6y=24000 \\ \hline x\qquad=1200 \end{array}$

③に $x=1200$ を代入すると，

$1200+y=4000$

$y=4000-1200=2800$

よって，学校から公園までの道のりは1200m，公園から動物園ま
での道のりは2800mである。

これは，条件にあう。

答　
学校から公園までの道のり	1200m
公園から動物園までの道のり	2800m

・「答」は完答で2点とする

10(1) 加湿器Aの中の水の量は，正午から午後1時までは毎時600mL，午後1時から午後4時までは毎時800mL，午後4時から午後6時までは毎時400mLで減る。したがって，午後1時は $4800-600\times1=4200(\text{mL})$，午後4時は $4200-800\times3=1800(\text{mL})$，午後6時は $1800-400\times2=1000(\text{mL})$ になる。よって，点 $(0,\ 4800)$，点 $(1,\ 4200)$，点 $(4,\ 1800)$，点 $(6,\ 1000)$ を順に直線で結ぶ。

答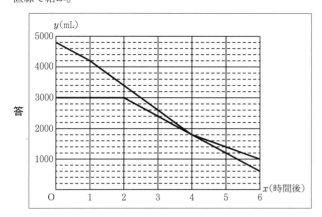

(2) (1)でかいたグラフより，午後6時になったとき，加湿器Aの中には1000mL，加湿器Bの中には600mLの水が残っているとわかる。よって，加湿器Aの方が，$1000-600=400(\text{mL})$ 多い。

答 加湿器Aの方が400mL多い

11(1) 点Aの座標→aの値→点Cの座標の順に求める。点Aは直線②上の点だから，$y=\dfrac{1}{2}x-2$ に $x=-2$ を代入すると，$y=\dfrac{1}{2}\times(-2)-2=-3$ となるので，A$(-2,\ -3)$ である。双曲線①は点Aを通るので，$y=\dfrac{a}{x}$ に $x=-2$，$y=-3$ を代入すると，$-3=\dfrac{a}{-2}$ より，$a=6$ となる。点Cは双曲線①上の点だから，$y=\dfrac{6}{x}$ に $x=3$ を代入すると，$y=\dfrac{6}{3}=2$ となるので，C$(3,\ 2)$

答 C$(3,\ 2)$

(2) 平行四辺形の対角線は面積を2等分するから，直線BDの傾きを求める。①または②の式と点Bの x 座標から，B$(6,\ 1)$ とわかる。

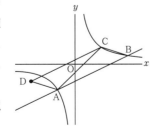

AD∥BC，AD＝BCで，点Cは，点Bから左へ $6-3=3$，上に $2-1=1$ だけ移動した位置にある。したがって，点Dは，点Aから左へ3，上に1だけ移動した位置にあるから，x 座標が $-2-3=-5$，y 座標が $-3+1=-2$ で，D$(-5,\ -2)$ となる。よって，直線BDの傾きは，$\dfrac{(y\text{の増加量})}{(x\text{の増加量})}=\dfrac{1-(-2)}{6-(-5)}=\dfrac{3}{11}$

答 $\dfrac{3}{11}$

12 できる立体は，底面の半径3cm，高さ8cmの円柱から半径3cmの半球を取り除いた右図のような立体である。円柱の体積は $3^2\pi\times8=72\pi(\text{cm}^3)$，取り除いた半球の体積は $\dfrac{4}{3}\pi\times3^3\div2=18\pi(\text{cm}^3)$。よって，求める体積は，$72\pi-18\pi=54\pi(\text{cm}^3)$

答 54π cm³

13 $\angle\text{BAP}=\angle\text{BAD}-\angle\text{PAD}=60°-20°=40°$
$\angle\text{BAQ}=\angle\text{PAQ}-\angle\text{BAP}=90°-40°=50°$
△BAQの内角の和より，$\angle x=180°-\angle\text{ABQ}-\angle\text{BAQ}=180°-60°-50°=70°$

答 70 度

14 証明のために必要な条件を図にかきこむと，右のようになる。

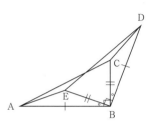

〈証明〉
△ABEと△DBCにおいて，
合同な図形の対応する辺の長さは等しいので，
△ABC≡△DBEより，
AB＝DB ……①
BE＝BC ……②
$\angle\text{ABE}=\angle\text{ABC}-\angle\text{EBC}=90°-\angle\text{EBC}$ ……③
$\angle\text{DBC}=\angle\text{DBE}-\angle\text{EBC}=90°-\angle\text{EBC}$ ……④
③，④より，$\angle\text{ABE}=\angle\text{DBC}$ ……⑤
①，②，⑤より，2組の辺とその間の角がそれぞれ等しいから，
△ABE≡△DBC

・証明の根拠となる [　] の内容が1つでもなければ0点とする
・∠や△の付け落としは，複数でも1点のみの減点とする
・理由の説明が不十分な場合は，それぞれ1点の減点とする
・ほかの証明でも，根拠が正しく，筋道が通っていればよい

1 (1)①硫化鉄　②塩酸に入れる。／磁石を近づける。などから1つ
(2)①マグマのねばりけが強い。　②エ　(3)①粒子…電子
性質…－の電気を帯びている性質。　②a
(4)①獲物との距離をつかみやすい。　②記号…E
説明…草をすりつぶすための臼歯が発達している。〔別解〕草を
食いちぎるための門歯が発達している。

(1) 鉄と塩酸が反応すると無臭の水素が発生し，硫化鉄と塩酸が反
　応すると卵のくさったようなにおいがする硫化水素が発生する。
　また，鉄は磁石につくが，硫化鉄は磁石につかない。
(2) 図3のような火山には，昭和新山や雲仙普賢岳，図4のような
　火山には，マウナロアやキラウエアがある。
(3) ①電子は－の電気を帯びているので，＋極側に曲がる。　②U
　字形磁石のN極とS極の向きを反対にすると，磁界の向きが反対
　になるので，電流が磁界から受ける力の向きも反対になる。
(4) ①肉食動物の目は前方についており，立体的に見える範囲が広
　くなって，獲物との距離をつかみやすい。また，草食動物は目が
　側面についており，視野が広くなって，外敵を見つけやすい。

2 (1)NH₃　(2)アンモニアは水に溶けやすく空気よりも密度が小
さいから。　(3)青　(4)蒸留　(5)発生した気体の温度を測
るため。　(6)Aの密度はCよりも小さい。　(7)①2　②3
(8)イ，エ，オ

(3) BTB溶液は酸性で黄色，中性で緑色，アルカリ性で青色を示
　す。アンモニアは水に溶けるとアルカリ性を示す。
(6) 実験2のマッチの火をつけたときのようすなどから，Aに含ま
　れるエタノールの割合はCよりも大きいことがわかる。
(7) 化学反応式では，反応の前後で原子の種類と数が等しくなるよ
　うに係数をつける。炭素原子(C)の数に着目すると，①は2，水
　素原子(H)の数に着目すると，②は3だとわかる。
(8) 食塩水は水と塩化ナトリウム，塩酸は水と塩化水素，みりんは
　さまざまな物質が混ざり合った混合物である。

3 (1)エ　(2)水(や肥料分)　(3)維管束　(4)c　(5)水蒸気
(6)ウ　(7)BTB溶液の色の変化がオオカナダモによることを
確かめるため。　(8)二酸化炭素　(9)オオカナダモが呼吸よ
りも光合成を盛んに行って二酸化炭素の量が減少したから。

(1) ア，イ，ウは単子葉類である。
(2)(4) 図1のa，図2のdは根で吸収した水が通る管(道管)，図1
　のb，図2のcは葉で作られた栄養分が通る管(師管)である。
(6) 葉の表皮には，0.4×0.4×3.14＝0.5024(㎟)あたり40個の気孔
　があるので，1㎟あたりおよそ80個の気孔がある。
(8) 二酸化炭素は水に溶けると酸性を示す。Xでは光が当たらない
　ので，オオカナダモは光合成を行わず，二酸化炭素が増加する。

4 (1)凝灰岩　(2)地層をつくる岩石の粒が
小さくなっていったから。　(3)エ
(4)西　(5)右図　(6)P波を感知し，大
きなゆれがくると予想される地域にS波
の到達時刻や震度を伝えるシステム。
(7)横から押す力。　(8)海洋プレートが
大陸プレートの下に沈み込んで，大陸プレートにひずみが生じ，
はね返る。

(2) 地層はふつう下から順に堆積するので，下に行くほど古い。れ
　き(直径2㎜以上)，砂(直径0.06㎜～2㎜)，泥(直径0.06㎜以下)は
　粒の大きさで区別する。粒が小さいほど沖合の深い海まで運ばれ
　て堆積するので，地層が上にいくにつれて粒が次第に小さくなっ
　ていくとき，この地域は海岸から遠ざかっていったと考えられる。
(3) 火山灰の層は同じ時期に堆積したので，火山灰の層より下にあ
　るYが最も古く，すぐ上にあるZが次に古く，Xが最も新しい。
(4) 火山灰の層の上面の標高を比べる。Aは18＋1＝19(m)，Bは
　17＋2＝19(m)，Dは20－3＝17(m)だから，南北方向に傾きはな
　く，D側(西側)が低くなるように傾いていることがわかる。
(5) (4)より，Cの火山灰の層の上面の標高はDと同じ17mである。
　Cの標高は19mだから，地表からの深さが2mのところに火山灰
　の層の上面がある。

5 (1)入射角は屈折角よりも小さい。　(2)名称…全反射
利用例…光ファイバー　(3)下図　(4)垂直抗力
(5)右グラフ　(6)50　(7)9.0

(1) 入射角や屈折角は光と境界面に引いた垂線との間にできる角で
　ある。光がガラスから空気中へ進むとき，境界面でガラス面に近
　づくように屈折するので，入射角は屈折角よりも小さい。
(3) B，Cでは入射角と反射角が等しくなるように反射する。
(4) 下向きに重力，上向きに垂直抗力がはたらく。
(5) 手がYを引く力の分だけ，電子てんびんがEから受ける力の大
　きさは小さくなる。よって，Yを引く力の大きさが0.8Nのとき
　Yの伸びが16.0㎝の比例のグラフをかく。
(6) 表より，Yの伸びが4.0㎝増えると電子てんびんの示す値が20
　g減るので，Yの伸びが4.0㎝から2.0㎝増えて6.0㎝になると，電
　子てんびんの示す値が20×$\frac{2.0}{4.0}$＝10(g)減って50gになる。
(7) 120－75＝45(g)→0.45NがYにかかる。(5)のグラフより，力
　の大きさが0.45NのときのばねYの伸びを読み取る。

《英 語》 その1

1 (1)ウ　(2)エ　(3)エ　(4)イ

2 ①13　②人口　③興味がある　④家がきれい
　⑤コーヒーを飲み

3 (1)ア　(2)ア　(3)gives them some information
　(4)**Her goal is to be a bridge**（下線部は **It** でもよい）

4 (1)①エ　②イ　③カ　④オ　(2)**教子が授業の前に彼らの国に
ついての情報を入手しなかったから。**　(3)イ，エ

(1)① 直後の教子の発言「わくわくしたよ」より，サラは国際イベ
　　ントの様子を尋ねたと考えられる。
　② 直後の教子の発言「テーマは気候変動だよ」より，サラは教
　　子に何について話し合ったかを尋ねたと考えられる。
　③ 前後の教子の発言より，国ごとの文化の違いを理解すること
　　が大切なことがわかる。
　④ 直後に教子が国際イベントで出たアイデアの例を挙げている
　　ので，サラはどんなアイデアが出たかを尋ねたと考えられる。
(2) 教子の5回目の発言の3～4行目，because以下の内容を日本
　語で答える。
(3) ア「教子は気候変動について話すためにオーストラリアに行き
　ました」…教子はオーストラリアには行っていない。　イ「教子
　は国際イベントで5か国の外国人学生と話しました」…教子の2
　回目の発言と一致。　ウ「教子は国際イベントの後，地球温暖化
　について勉強しました」…本文にない内容だから不一致。
　エ「教子は，国際イベントの前に5か国のことを学びました」…
　教子の6回目の発言と一致。　オ「教子は，地球温暖化について
　考えることが何よりも大切だと学びました」…教子は準備をする
　ことが何よりも大切だと学んだ。

【本文の要約】
教子：こんにちは，サラ。元気？
サラ：元気よ！昨日，国際イベントに参加したそうね。
　　　 ①エ どうだった？
教子：わくわくしたよ。5つの国から10名の外国人学生が日本の
　　　学生と地球規模の問題について話し合うために日本に来たよ。
サラ：すごい！ ②イ 何について話し合ったの？
教子：テーマは気候変動だよ。この問題を解決するためのアイデア
　　　がいくつか出たの。いい経験をしたよ。
サラ：あなたは上手に英語を話すから，あなたにとって留学生と協
　　　力することは難しいことではないと思うな。
教子：うーん，私は英語を話すのが好きだけど，昨年は困ったこと
　　　があったよ。
サラ：何が問題だったの？
教子：英語の授業で，オーストラリアの学生とインターネット上で
　　　話したの。私たちは地球温暖化について話したんだけど，授
　　　業の前に彼らの国についての情報を入手しなかったために，
　　　スムーズに進まなかったよ。それが失敗だったよ。日本の文
　　　化とオーストラリアの文化は同じではないものね。
サラ：なるほど。留学生と協力するとき， ③カ それぞれの国には
　　　それぞれの文化があるとわかっている ことがとても重要だね。
教子：そうだね。私は昨日のイベントのために，5つの国について
　　　学んだ。事前に情報を入手しておいたおかげで，留学生と
　　　の話がはずんだよ。私たちは自分たちの違いを知り，それら
　　　を尊重したよ。だから，いくつかすばらしいアイデアが出た
　　　よ。

サラ： ④オ どんなアイデアが出たの？
教子：例えば，化石燃料の使用量を減らすために節電する必要があ
　　　るよね。そして私たちは車を使う代わりに自転車に乗るべきよ。
サラ：なるほど。あなたは経験からたくさん学ぶことができたのね。
教子：私は準備することが何よりも大切だと学んだよ。

5 (1)ずっとメジャーリーグの試合を観戦したいと思っていたから。
　(2)イ　(3)⑦took　⑦loved　(4)アメリカに29チーム，カナダ
　に1チームある。　(5)I often hear the music at
　(6)①Eita's family did.　②Because only the best players
　around the world are chosen.　(7)イ，ウ

(1) 直後の英太の発言を日本語にする。
(2) 第3段落の3～5行目から，英太たちが観戦した試合には2人
　の日本人選手が出場しており，1人は投手，1人は打者であるこ
　とがわかる。
(3)⑦ 過去の文だから，過去形のtookにする。　⑦ 〈be動詞＋
　過去分詞〉で「～される」という受け身の形にする。
(4) 直後の1文より，アメリカに29チーム，カナダに1チームあ
　ることがわかる。
(5) often「よく」のような頻度を表す副詞は，一般動詞の前，be
　動詞の後に入れる。
(6)① 「アメリカの古く美しい街に1年間滞在したのは誰ですか？」
　…第1段落1～2行目より英太の家族である。
　② 「メジャーリーグのチームに入るのが難しいのはなぜです
　か？」…第3段落12行目のBecause以下を答える。
(7) ア「英太とポールは日本の同じ学校の生徒でした」…日本では
　なくアメリカである。　イ「緑のフィールドが広くて美しかった
　ので，英太は何も言えませんでした」…第3段落2～3行目の内
　容と一致。　ウ「英太は，より多くの日本人選手がメジャーリー
　グのチームに入ってほしいと思いました」…第3段落14～15行
　目の内容と一致。　エ「英太は，サッカーチームを通じてポール
　と親友になれたことが本当にうれしかったです」…本文にない内
　容だから不一致。　オ「英太はその美しい球場を訪れ，メジャー
　リーグの選手としてプレーしたいです」…選手としてプレーした
　いとは言っていない。

【本文の要約】
　私が中学生だったとき，私の家族はアメリカの古くからある美し
い都市に1年間滞在しました。私の父は大学で科学を教えていま
した。私にはポールという親友がいました。私たちは同じ学校に
通っていました。私はアメリカでの生活をとても楽しんでいまし
た。
　ある日，私は昼食時にポールと話をしていました。ポールは
「明日球場に行かない？父がメジャーリーグの試合のチケットを
持っているんだ」と聞いてきました。私は「ぜひ行きたい。ずっ
とメジャーリーグの試合を観戦したいと思っていたんだ」と言い
ました。ポールは「僕らのチームには偉大な日本人投手がいる
よ。彼はメジャーリーグで5年間プレーしてきた。対戦チーム
には素晴らしい日本人打者がいるよ。明日はたぶん両方の選手を
見られるよ」と言いました。
　次の日，ポールの父は私とポールを球場に連れて行ってくれまし
た。球場は満員でした。緑のフィールドはとても広くて美しく，私
は言葉が出ませんでした。試合が始まると，私は先頭打者が日本人
であることに驚きました。私は「おお，このフィールド内に日本人
選手が2人もいる！」と言いました。ポールの父は「メジャーリー
グのチームでプレーするのは簡単なことじゃないよ。メジャーリー

グのチームでプレーするのは，多くの野球選手の夢なんだ。この2人の日本人選手はアメリカで多くの人々に愛されているんだよ」と言いました。私はそれを聞いてとてもうれしかったです。私は「メジャーリーグには何チームありますか？」と質問しました。ポールの父は「さまざまな都市に30チームがあって，そのうちの29チームはアメリカに，1チームはカナダにあるよ。世界中から最高の選手だけが選ばれるからメジャーリーグのチームに入るのは大変なことだよ」と答えました。私はもっと多くの日本人選手がチームに入れるといいなと思いました。みんなが試合を楽しんでいる時，私は音楽を耳にしました。その音楽はメジャーリーグの試合でよく流れます。人々は一緒に歌い始めました。その歌はプレーヤーと観客をより興奮させました。私は，人々が試合を通して仲良くなったように思いました。

私は今，日本に住んでいます。晴れた日には，父と時々公園でキャッチボールをしています。私は今でもアメリカでの素晴らしい時間を思い出します。私は，あの古くからある美しい街を訪れて，もう1試合観戦し，音楽を楽しみたいと思っています。

6 ①Have you ever been to Canada?
②**Will** you show me the book?（下線部は**Can**，**Would**でもよい）
③I like to see a lot of pictures in the museum
④beautiful nature makes me happy

① 現在完了〈have/has ＋過去分詞〉"経験"「～したことがある」の疑問文にする。
② 「～してくれませんか？」＝ Will ／ Can ／ Would you ～ ？
④ ・make ＋人＋状態「（人）を（状態）にする」

7 (1) People in A City want some roles for parks. ／
The most important role is a hub for the community.
(2) I think a place for sports is the most important role because playing sports is good for our health.

------------- 放 送 文 -------------
1 (1) *Sam* : Hi, Kyoko. How did you come to school today?
Kyoko : Hi, Sam. I walked to school because it has been rainy since yesterday.
Sam : How do you usually come to school?
Kyoko : I usually come here by bike.
Sam : I see. I always come here by bus.
Question : How does Kyoko usually come to school?
(2) *Kyoko* : Did you get anything from your father on your birthday?
Sam : Yes, I got a bag from my father. I like it very much.
Kyoko : Oh, good. Today is my birthday. I have wanted a tennis racket for a long time.
Sam : Oh, your birthday is March 5! Happy birthday! Your birthday is two days after my birthday.
Question : What did Sam get as a present on his birthday?
(3) *Kyoko* : What were you doing when I called you yesterday?
Sam : I was looking for yesterday's newspaper.
Kyoko : Did you find it?
Sam : Yes, my mother found it under the table in my father's room. Yesterday, I put it on

the chair in the living room, but after that, my father brought it to his room.
Kyoko : I'm glad you could find it.
Question : Who found the newspaper?
(4) *Kyoko* : Sam, I hear you play many sports very well.
Sam : I like playing sports very much. I have been playing basketball since I was five, and I have been playing soccer for three years.
Kyoko : What other sports do you play now?
Sam : I also play volleyball. So I am very busy.
Question : Which sports does Sam play now?

2　Hello. I'm a student from Turkey. Do you know Turkey? It takes about 13 hours by plane to get there from Japan. So Turkey is very far from Japan. My country is bigger than Japan, but the number of people in Turkey is smaller. There are many Japanese companies in Turkey, and many people are interested in Japan. Cultures in Japan and Turkey are very similar. I'll give you some examples. First, in my country, we take off our shoes at home, so our houses are clean. Second, Japanese traditional sweets are very good, and our sweets are very good, too. We often eat sweets and drink coffee at restaurants.
　I think there are many good places to visit, and you will like them. Please visit Turkey. Thank you.

3　*Eita* : Nice to meet you, Jia. I'm Eita.
Jia : Hi, Eita. Nice to meet you, too.
Eita : You are from China, right? I hear you can speak Chinese and English.
Jia : Yes. I can also speak Japanese because I have been learning it for three years. So I decided to work in Japan.
Eita : I see. Could you tell me about your work?
Jia : Sure. I usually work for seven hours a day and five days a week. I help people from abroad when they have troubles.
Eita : How do you help foreign people?
Jia : I give them some information in different languages, like hazard maps.
Eita : Great. What else do you do?
Jia : Well, I help to plan festivals for people from abroad. I want them to make friends with Japanese people.
Eita : What festival is the most popular?
Jia : The food festival is. Everyone enjoys that festival together.
Eita : Sounds interesting. It will be a good chance for both people from abroad and Japanese people to meet each other.
Jia : That's right. My goal is to be a bridge between them.
Eita : That's wonderful, Jia. Thank you very much for today.

Questions
(1) Can Jia speak three languages?
(2) How many hours does Jia usually work for a week?
(3) How does Jia help people from abroad?
(4) What is Jia's goal?

Memo

一　①ていさい　　②のうたん　　③つ　　④なが
　　⑤余波　　⑥夢中　　⑦喜　　⑧潔

二　問一．ウ　　問二．b　　問三．鳴き声／身振り／（水中での）
　　発生音　　問四．意思疎通　　問五．叫びや合図
　　問六．⑴名を付けること　⑵言葉によって生まれた精神
　　問七．広大な時間的、空間的範囲の出来事や事物を、自らの経
　　験範囲の中に収めてしまう点。　　問八．イ

問二　活用の種類を見分ける時は「ない」を接続させて未然形にし
　　てみよう。aは「とらない」、bは「考えない」、cは「異なら
　　ない」、dは「持たない」となる。a、c、dは活用語尾がア
　　段なので五段活用。bはエ段なので下一段活用。

問四　「鳴き声や身振り」「叫びや合図」などによって仲間に何かを
　　伝えることを、次の段落で「目前で起きている事柄、経験、あ
　　るいは意思の伝達」と表現している。「意思の伝達」を4字で
　　表現したのが「意思疎通」。

問五　傍線部③の前の「〜といった」に着目する。「〜といった」
　　は、二つ以上の事柄を例として対等に並べる場合に用いる。
　　よって、直前の「叫びや合図」が傍線部③の具体例といえる。

問六⑴　直前の段落に「世界の物や現象、出来事などに名を付ける
　　ことによって〜目の前になくとも、あたかも身近にあるかの
　　ように扱うことができる」とあることから。

　　⑵　最後から3段落目に「見えないコート〜を指示したり〜過
　　去や未来のことまで想起したりすることができるのも、すべ
　　て言葉によって生まれた精神のおかげ」とあることから。

問七　傍線部⑤の直前の「現実には眼にもしていなければ経験もし
　　ていないような遠い場所での出来事や事物、あるいはその瞬間
　　には存在していない過去や未来の出来事や事物までも自らの経
　　験範囲の中に収めてしまう」という内容をまとめる。下線部
　　に、指定された「空間」「時間」を使うことに気づきたい。

問八　筆者が「コート」のたとえによって説明しているのは、人間
　　は言葉によって「現実には眼にもしていなければ経験もしてい
　　ないような遠い場所での出来事や事物、あるいは〜過去や未来
　　の出来事や事物までも自らの経験範囲の中に収めてしまう」と
　　いうこと。イは、今目の前にいない「遠い場所」に住むいとこ
　　の「過去や未来」のことまで思い浮かべているので、適する。

三　問一．イ　　問二．あきらかに集中できていない状態。
　　問三．グラウンドの硬さによって、ゴロの跳ね方やスピードが
　　変化すること。　　問四．行動一つ一つに責任が生じる
　　問五．イ　　問六．ウ　　問七．野球経験者でない自分は、プ
　　レーヤーの気持ちがわからず、整備のプロになれないのではな

いかという悩み。　　問八．マネージャーの経験を生かして、
選手がどうしてほしいか想像すること。　　問九．ウ

問一　「呼応の副詞」とは、それを受ける文節に特別な言い方を要
　　求する副詞。「たとえ〜ても」「まさか〜まい」など。イの「ど
　　うして」は、あとに疑問の助詞（「か」）がくるので、呼応の副
　　詞である。

問二　6行後の島さんの言葉「集中できてへんのは、あきらかや」
　　を参照。整備をしている雨宮が、ため息をついて他のことを考
　　えている様子なので、ローラーの運転をやめさせた。

問三　直前の段落の「ローラーが何度そこを通ったかで、グラウン
　　ドの硬さは刻々とかわってしまう。結果、ゴロの跳ね方も、ス
　　ピードも大きくかわる」からまとめる。

問四　選手にとって一つの怪我がいかに大きな影響をもたらすかを
　　伝え、整備の仕事に責任があることを考えさせようとした。そ
　　して「社会人として」「行動一つ一つに責任が生じる」ことを
　　教えた。

問五　「眼光」とイの「略図」は、上の漢字が下の漢字を修飾して
　　いる熟語。アは同じような意味の漢字の組み合わせ。ウは反対
　　の意味の漢字の組み合わせ。エは上の漢字が主語で下の漢字が
　　述語になっている。

問七　本文冒頭を参照。雨宮は元球児の長谷に言われた、「プレー
　　ヤーの気持ちは、プレーヤーにしかわからへん」という言葉が
　　ひっかかり、満足にスポーツのできない自分は、選手の気持ち
　　がわからず、「整備のプロになることなど到底かなわないのか
　　もしれない」と悩んでいた。

問八　選手の気持ちは選手を経験した人にしかわからないのではな
　　いかと悩む雨宮に、島さんは「雨宮はマネージャーやったんや
　　ろ？　選手がどうしてほしいか、想像してみることくらいでき
　　るやろ？」と問いかけ、雨宮の経験も整備に活かすことができ
　　るのだと伝えた。

問九　二人の会話は短文が多く、島さんの言葉には「集中できてへ
　　んのは、あきらかや」「どないなる？」など、方言が使われ、
　　会話のリアリティや臨場感を高めている。

四　問一．ア　　問二．気をつけて　　問三．（例文）高齢者にも
　　外国人観光客にも避難経路はわかりやすかったが、外国人観光
　　客にとっては情報がわかりにくかった。　　問四．（例文）私
　　がユニバーサルデザインが必要だと思うのは、飲食店のトイレ
　　を利用する場面だ。先日、車いすの祖父と外食することにな
　　り、バリアフリートイレのある飲食店を探したが、なかなか見
　　つからなかったからだ。補助金を出してバリアフリートイレを
　　増やし、どこの飲食店でも利用できるようにすべきだと思う。

《社　会》　その2

1　(1)アルプス　(2)南緯30　(3)ウ　(4)イ　(5)ウ
　　(6)①エ　②少子高齢化が進む　③中国の製鉄所は，内陸部に立地しているが，日本の製鉄所は，原料を海外から船で輸入するため，臨海部に立地している。　(7)①ロンドン　②かつてニュージーランドは，イギリスの植民地支配を受けていたから。　③暖流である北大西洋海流と偏西風の影響を受けるから。
　　(8)①混合農業　②ユーロ導入国間では両替の必要がないため，国をこえた人の移動が活発になった。　(9)割合の変化が最も大きい国と2番目に大きい国…イギリス／ドイツ　共通する割合の変化の特徴…風力発電の割合が高くなっている。

(2)　⑦が赤道だから，⑦は北緯60度，④は北緯30度，⑤は南緯30度になる。

(3)　Bはニュージーランドである。アボリジニはオーストラリアの先住民，イヌイットは北アメリカの先住民である。ヒスパニックはスペイン語を母語とする国からの移民を意味する。

(4)　アンデス山脈での農業については右図を参照。

アンデスの農業
アルパカ　リャマ
5000m
4000m　ジャガイモ
3000m
小麦・トウモロコシ
2000m
バナナ・コーヒー豆
1000m

(5)　Dは小麦の栽培地域だからウを選ぶ。フランスが入っていることがポイント。アは綿花，イは大豆，エはとうもろこし。

(6)①　中国の国土は約960万km²，日本の国土は約38万km²だから，960÷38＝25.2…より，約25倍である。
　　②　資料1から，65歳以上の人口割合が増え続け，15歳未満の人口割合が減り続けていることを読み取る。
　　③　原料や燃料を現地で調達できる中国では，内陸部に製鉄所を立地できるが，石炭と鉄鉱石のほとんどを国外からの輸入に頼る日本の製鉄所は，利便性の面から臨海部に立地する。

(7)②　イギリス連邦を構成する国の国旗には，イギリスのユニオンジャックがデザインされているものがある。
　　③　南北の中緯度帯には強い偏西風が吹いているので，中緯度帯にある大陸の西側の気候は，海流の影響を受けやすくなる。

(8)②　ユーロの語句がないものは0点とする。両替の必要がないことが書けていれば1点，人の移動が活発になったことが書けていれば1点とする。

(9)　イギリスやドイツなどのヨーロッパ諸国では，脱炭素の動きが活発で，再生可能エネルギーへの転換が進んでいる。

2　(1)南鳥　(2)①前橋　②ウ　③記号…エ　理由…夏の冷涼な気候を利用して，他県の出荷量が少ない夏場に多くのキャベツを生産し，出荷しているから。　(3)ア　(4)東京駅に近い地域ほど高くなる。　(5)イ　(6)①ア　②12，1，午前11

(1)　最南端は沖ノ鳥島，最西端は与那国島，最北端は択捉島。

(2)②　愛知県と群馬県が上位にあればキャベツと判断する。はくさいは茨城県・長野県，小麦は北海道・福岡県，だいこんは千葉県・北海道でさかんに生産される。

(3)　Pは太陽光発電，Rは地熱発電である。

(5)　関東地方の人口が70万以上の政令指定都市は，千葉・さいたま・川崎・横浜・相模原の5市である。幕張新都心は千葉県。

(6)①　航空機輸送では，小型軽量で単価の高い商品が運ばれる。
　　②　時差の計算は，どちらかの時間にそろえて計算する。マドリードの空港に12月1日の午後5時に着く便は，スペインが12月1日午前3時のときに東京を出発する。経度差15度で1時間の時差が生じ，スペインと日本の経度差は135－15＝120（度），時差は120÷15＝8（時間）になる。スペインが12月1日の午前3時のときの日本の時間は，スペインより8時間進んだ12月1日午前11時になる。

3　(1)①律は刑罰，令は行政上の決まりを意味する。　②イ　③僧の名前…最澄　記号…ア　④天平　(2)①ウ　②ア→エ→ウ　③身分が下の者が，身分が上の者を実力で倒して，権力をにぎるというもの。　(3)①元禄　②幕府や藩に税を納める代わりに，独占的に営業を行う特権を得　③条約名…日米修好通商条約　大老の名前…井伊直弼　④X．イギリス　理由…アメリカ国内で南北戦争が起きたから。
　　(4)①i．学制　ii．地価を基準にして税をかけ，土地の所有者が現金で納める　iii．政府の収入を安定させる目的。
　　②ウ→ア→イ　③エ　④i．ウ　ii．ウ

(1)②　平城京に都があったのは奈良時代だからイを選ぶ。アとウは飛鳥時代，エは平安時代。
　　③　比叡山は，京都府と滋賀県の境にある。イは六甲山，ウは生駒山，エは高野山あたりを指している。

(2)①　惣は農村の自治組織，堺は大阪の都市である。
　　②　第一回十字軍の派遣は11世紀末のことだから，イを除く。宗教改革が起きたことで，カトリック内部でも改革の動きが起こったことから，ア→エの順は確実に理解したい。有田焼は，豊臣秀吉による朝鮮出兵の際に，朝鮮半島から連れてこられた陶工たちが始めた焼き物である。

(3)①　上方の町人を中心とした江戸時代の文化を元禄文化という。
　　②　株仲間が室町時代の座と同様のものと理解していれば，同じページにある英太さんのまとめ1が参考になる。
　　④　南北戦争について書けていればよい。

(4)①ii　地価の3％を，土地所有者が現金で納めることとした。
　　②　ウ（1895年）→ア（1900年）→イ（1902年）
　　③　日露戦争は日清戦争より負担が大きかったのに賠償金が得られなかったことを知った人々は，日比谷焼き打ち事件を起こした。
　　④i　アはイギリス，イは日本，エはアメリカ。

1(1) $10+9\div(-3)=10-3=7$

答 | 7

(2) $5(2x-y)-2(3x+2y)=10x-5y-6x-4y=4x-9y$

答 | $4x-9y$

(3) $(-5x^2y)\div3xy\times6xy^2=-\dfrac{5x^2y\times6xy^2}{3xy}=-10x^2y^2$

答 | $-10x^2y^2$

(4) $\sqrt{48}(3-\sqrt{3})-\sqrt{27}=4\sqrt{3}(3-\sqrt{3})-3\sqrt{3}=$
$12\sqrt{3}-12-3\sqrt{3}=-12+9\sqrt{3}$

答 | $-12+9\sqrt{3}$

2 $5x^2-10x+5=5(x^2-2x+1)=5(x-1)^2$

答 | $5(x-1)^2$

3 $0.8x+4=0.5x-2$
両辺を10倍すると，$8x+40=5x-20$　　$8x-5x=-20-40$
$3x=-60$　　$x=-20$

答 | $x=-20$

4 $(x-1)(x+9)-(x-2)^2=x^2+8x-9-(x^2-4x+4)=$
$x^2+8x-9-x^2+4x-4=12x-13$
この式に $x=\dfrac{3}{4}$ を代入すると，
$12\times\dfrac{3}{4}-13=9-13=-4$

答 | -4

5 図1のように，カの面を回転移動させ，4つの面が1列に並び，その上下に1面ずつがくっついている形にすると考えやすい。上下のア，オの2面を底面に，横に並んだ4つの面を側面にして山折りで組み立てると，図2のようになる。

図1

図2

答 | アとオ，イとエ，ウとカ

6(1) 表のデータを小さい順に並べると，7，8，10，11，12，15，15，18で，最小値は7，中央値（第2四分位数）は4番目と5番目の平均の11.5，最大値は18である。データを半分に分けたとき，下位4つの中央値は$(8+10)\div2=9$だから第1四分位数は9，上位4つの中央値は$(15+15)\div2=15$だから第3四分位数は15である。

答
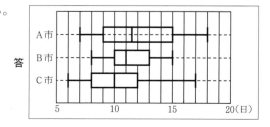

(2) ア．範囲はともに11日で同じだが，四分位範囲は，A市が$15-9=6$(日)，C市が$12-8=4$(日)で，A市の方が大きい。
イ．箱ひげ図から平均値を読み取ることはできない。
ウ．8つのデータにおいて，中央値以上のデータは少なくとも$8\div2=4$(つ)ある。3市とも中央値は10日以上だから，10日以上雨が降った年が4以上ある。
エ．B市では，雨が降った日が最も少ない8日の年はあるが，9日の年があったかどうかは読み取れない。

答 | ア，ウ

7 2個の赤玉を赤1，赤2，2個の白玉を白1，白2と区別する。すべての玉の取り出し方は，下の樹形図の10通り，少なくとも1個は赤玉が取り出されるのは○印の7通りある。

赤1 ─ 赤2○　赤2 ─ 白1○　白1 ─ 白2　白2 ── 青
　　　白1○　　　　白2○　　　　青
　　　白2○　　　　青○
　　　青○

よって，求める確率は，$\dfrac{7}{10}$

答 | $\dfrac{7}{10}$

8 条件①より，点Pは$_{ア}$線分ABの垂直二等分線上にある。条件②より，点Cを通る直線CDの垂線を引き，その垂線上の点Cより右側に点Eをとるとき，点Pは$_{イ}\angle$DCEの二等分線上にある。
アとイの交点がPである。

答

・「P」の書き落としは1点の減点とする
・正しい作図方法であれば，ほかの方法でもよい

9 教英中学校の得点について，$3\times8+2x+y=69$……①
相手チームの得点について，$3\times(8+1)+2\times\dfrac{5}{6}x+\dfrac{2}{3}y=63$……②

連立方程式 $\begin{cases} 3\times8+2x+y=69 \\ 3\times(8+1)+2\times\dfrac{5}{6}x+\dfrac{2}{3}y=63 \end{cases}$

・変形して正答例と同じになる式が書かれていれば，1つにつき1点とする

①を整理すると，$2x+y=45$……③
②を整理すると，$5x+2y=108$……④
④－③×2より，　　　｜　　③に$x=18$を代入すると，
$\quad 5x+2y=108$　｜　　$2\times18+y=45$
$\underline{-)\ 4x+2y=\ 90}$　｜　　$\qquad y=45-36=9$
$\quad\ x\quad\ =18$　｜　これは，条件にあう。

答 | 2点　18回
　　| 1点　9回

・「答」は完答で2点とする

10(1) 120秒で100m進んだから，求める速さは，

$$\frac{100}{120} = \frac{5}{6}(\text{m}／秒)$$

答 　秒速 $\frac{5}{6}$ m

(2) 英子さん
のグラフを
かき加える
と，右のよ
うになる。
英子さんは
80秒で100m

進んだから，速さは $\frac{100}{80} = \frac{5}{4}(\text{m}／秒)$ である。教子さんが折り
返しのターンをしたのがスタートしてから60秒後で，このとき
英子さんはスタート地点から $\frac{5}{4}×(60-30) = \frac{75}{2}(\text{m})$ 進んでい
る。このとき教子さんと英子さんは $50-\frac{75}{2} = \frac{25}{2}(\text{m})$ 離れてい
て，このあと2人の進んだ距離の合計が $\frac{25}{2}$ mになるときにす
れ違う。教子さんが折り返してから t 秒後にすれ違うとすると，

$\frac{5}{6}t + \frac{5}{4}t = \frac{25}{2}$ より， $t=6$

よって，求める時間は，60＋6＝66(秒後)

答 　66 秒後

11(1) 点Aは双曲線①上の点だから， $y = -\frac{9}{x}$ に $x=-1$ を代入す
ると， $y = -\frac{9}{-1} = 9$ となるので，A$(-1,9)$ である。直線②
は点Aを通るので， $y = -3x+a$ に $x=-1$ ， $y=9$ を代入すると，
$9 = -3×(-1)+a$ より， $a=6$

答 　$a=6$

(2) 四角形BECOはCO∥EBの台形だから，各頂点の座標が
わかれば面積を求められる。点B，点C，点Eの座標→四角形
BECOの面積→△BODの面積→点Dの座標，の順に求めて
いく。点Bは双曲線①上にあるので， $y = -\frac{9}{x}$ に $x=3$ を代入
すると， $y = -\frac{9}{3} = -3$ となるから，B$(3,-3)$ である。点C
は直線②の切片だから，C$(0,6)$ より，CO＝6となる。点E
は点Bと x 座標が等しく x 軸上にあるから，E$(3,0)$ より，
EO＝3，BE＝0－(-3)＝3である。
したがって，四角形BECOの面積は，

$\frac{1}{2}×(\text{BE}+\text{CO})×\text{EO} = \frac{1}{2}×(3+6)×3 = \frac{27}{2}$

△BOD＝(四角形BECOの面積)$×\frac{2}{3} = \frac{27}{2}×\frac{2}{3} = 9$

△BODの底辺をDOとすると，高さはBEだから，

$\frac{1}{2}×\text{DO}×\text{BE} = 9$ 　　$\frac{1}{2}×\text{DO}×3 = 9$ 　　DO＝6

よって，D$(6,0)$

答 　D$(6,0)$

12 この立体の底面は，1辺4cmの正方形である。
立面図の二等辺三角形は右図の色をつけた三角
形なので，側面はすべて底辺4cm，高さ8cmの二
等辺三角形である。

よって，求める表面積は，

$4^2 + \left(\frac{1}{2}×4×8\right)×4 = 80(\text{cm}^2)$

答 　80 cm²

13 ひし形の向かいあう角は等しいから，∠ABC＝∠ADC＝50°
△BCEについて，BC＝BEだから，∠BEC＝∠BCE＝75°
三角形の内角の和より，∠CBE＝180°－75°×2＝30°
ひし形の辺の長さは等しいからBA＝BCより，△ABEは
BA＝BEの二等辺三角形である。また，∠ABE＝50°－30°＝
20°だから，∠BAE＝$\frac{180°-20°}{2}$＝80°となる。平行線の錯角は
等しいから，AB∥DCより，∠x＝∠BAF＝80°

答 　80 度

14 △ABE≡△BCFを証明し，
対応する角が等しいことと，
△BEGの外角の性質を利用す
る。証明のために必要な条件を
図にかきこむと，右のようにな
る。

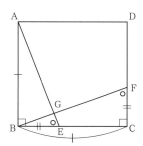

〈証明〉

△ABEと△BCFにおいて，

仮定より，BE＝CF ……①

四角形ABCDは正方形だから，AB＝BC ……②

∠ABE＝∠BCF＝90° ……③

①，②，③より，2組の辺とその間の角がそれぞれ等しいから，

△ABE≡△BCF

合同な図形の対応する角は等しいから，

∠AEB＝∠BFC ……④

△BCFの内角の和より，

∠CBF＋∠BFC＝180°－∠BCF＝180°－90°＝90° ……⑤

△BEGについて，三角形の外角の性質より，

∠AGB＝∠CBF＋∠AEB ……⑥

④，⑤，⑥より，∠AGB＝90°

・証明の根拠となる ☐ の内容が1つでもなければ0点とする

・∠や∘の付け落としは，複数でも1点のみの減点とする

・理由の説明が不十分な場合は，それぞれ1点の減点とする

・ほかの証明でも，根拠が正しく，筋道が通っていればよい

《理　科》　その２

1 (1)①イ　②コマを右に動かして，弦の長さを短くする。
　　(2)①ａ，ｂ　②イ　(3)①2.7　②エ
　　(4)①閉塞前線　②強い雨が短時間降る。

(1) ②音を高くするには，弦の振動する部分を短くする，細くする，強く張るといった方法がある。ここではコマを動かすので，コマを右に動かして，弦の振動する部分を短くする。

(2) ①ａとｂは葉，ｃは茎，ｄは根である。　②アとウはコケ植物だけにあてはまる特徴で，エはシダ植物にもコケ植物にもあてはまらない特徴である（いずれも胞子でふえる）。

(3) ①Ｘの体積は55.0−50.0＝5.0（cm³）である。
　〔密度（g/cm³）＝$\frac{質量（g）}{体積（cm³）}$〕より，$\frac{13.5}{5.0}$＝2.7（g/cm³）となる。
　②Ｘ〜Ｚは質量が等しいので，体積が大きいほど密度が小さい。表より，Ｘ〜Ｚを体積が大きい順に並べるとＸ，Ｙ，Ｚとなるので，密度は大きい方からＺ，Ｙ，Ｘの順となる。

(4) ①ｘは温暖前線，ｙは寒冷前線である。寒冷前線が温暖前線に追いつくと閉塞前線ができる。　②温暖前線が通過するとき，乱層雲によって，広い範囲に長時間弱い雨が降る。一方，寒冷前線が通過するとき，積乱雲によって，狭い範囲に短時間強い雨が降る。

2 (1)①感覚神経　②運動神経　(2)理由…測定誤差が生じるから。　平均値…19.5　(3)イ　(4)刺激の信号が脳に伝わる前に，せきずいから命令の信号が出されて反応が起こるから。
　　(5)ｃ　(6)肺胞　(7)酸素が多いところでは酸素と結びつき，酸素が少ないところでは酸素をはなす性質。　(8)肝臓

(2) （19.0＋20.8＋18.5＋20.0＋19.2）÷5＝19.5（cm）

(3) (2)で求めた平均値と図4より，落下する時間の平均値はおよそ0.20秒だとわかる。

(5) 栄養分は小腸で吸収され，小腸と肝臓を結ぶ血管を通って肝臓へ送られるので，栄養分が最も多く含まれる血液が流れるのはｃである。

(8) 肝臓のはたらきには，アンモニアを尿素に変える他に，栄養分をたくわえる，消化液（胆汁）を作るなどがある。

3 (1)（熱）分解　(2)1本目の試験管の気体には，試験管やガラス管に入っていた空気が多く含まれるから。
　　(3)$2H_2O \rightarrow 2H_2 + O_2$　(4)名称…炭酸ナトリウム　性質…水に溶かしたときに，炭酸水素ナトリウムよりも強いアルカリ性を示す。
　　(5)銅の粉末を空気にふれやすくするため。
　　(6)Ｄ　(7)右グラフ
　　(8)2.25

(1) 炭酸水素ナトリウムを加熱すると炭酸ナトリウム，二酸化炭素，水に分解する〔$2NaHCO_3 \rightarrow Na_2CO_3 + CO_2 + H_2O$〕。

(4) 表1のフェノールフタレイン溶液の反応より，炭酸ナトリウムの水溶液は炭酸水素ナトリウムの水溶液よりもアルカリ性が強いことがわかる。

(6) 銅と反応する酸素の質量比は一定になる。表2より，Ｄ以外は銅：酸素＝4：1になっている。

(8) $1.80 \times \frac{4+1}{4}$＝2.25（g）

4 (1)発生する熱が大きくなるから。　(2)オームの法則　(3)6
　　(4)エ　(5)エ　(6)ア　(7)コイルに流れる電流を大きくすると／U字形磁石を磁界が強いものに変えると　などから1つ
　　(8)コイルに流れる電流の向きを反対にする

(3) 〔抵抗（Ω）＝$\frac{電圧（V）}{電流（A）}$〕，500mA→0.5Aより，$\frac{3}{0.5}$＝6（Ω）となる。

(4) Ｘは6Ω，Ｙは12Ωだから，Ａは6＋6＝12（Ω），Ｂは6＋12＝18（Ω）である。また，Ｄでは Ｙ 2つを並列つなぎにしているので，回路全体の抵抗はそれぞれの抵抗の半分の6Ωであり，ＸとＹを並列つなぎにしたＣの回路全体の抵抗はＤよりも小さいので，流れる電流が大きくなる。したがって，コイルの動きが大きい方から順に並べると，Ｃ→Ｄ→Ａ→Ｂとなる。

(5) 電流が流れる導線のまわりにできる磁界の向きは，図iのように右手を使って求めることができる。

図i　電流の向き　磁界の向き　（右手）

(6) 図4のｃｄの部分を流れる電流の向きに着目する。電流と磁界の向きはそれぞれ図1と反対だから，ｃｄの部分を流れる電流が磁界から受ける力の向きは図1と同じになる。また，磁界の向きはN→Sである。

5 (1)右図　(2)湿球の球部のガーゼから水が蒸発するときに，周りの熱を奪うから。
　　(3)45　(4)9.27
　　(5)周囲の気圧が低くなり，空気が膨張するから。　(6)露点　(7)ウ

(1) 空全体に占める雲の割合を雲量といい，空全体の広さを10としたとき，雲量が0〜1のときが快晴（○），2〜8のときが晴れ（①），9〜10のときがくもり（◎）である。

(3) 気温（乾球温度計の示度）は23℃，乾球温度計と湿球温度計の示度の差が7.0℃だから，表1より湿度は45％だとわかる。

(4) 23℃の飽和水蒸気量は20.6g/m³だから，(3)で求めた湿度より，20.6×0.45＝9.27（g）となる。

(7) 北半球では，風は低気圧の中心に向かって反時計回りに吹き込む。

1　(1)イ　　(2)ア　　(3)ア　　(4)ウ

2　①子どもたちを喜ばせる　　②玄関〔別解〕正面のドア
　③笑顔で　　④クリスマスプレゼント　　⑤思い出

3　(1)イ　　(2)ウ　　(3)No, he hasn't　　(4)can ask him
　questions about American school

4　(1)①カ　②キ　③ウ　④エ　　(2)生徒は集中力を失いやすい。
　／生徒はゲームをして，先生の授業を聞かない。　　(3)イ，ウ

(1)①　直後の英太の発言より，アマンダは何についてのレポートか
　　尋ねたと考えられる。
　②　後でアマンダがスマートフォンに対する自分の意見をたくさ
　　ん言っていることから，キ「おもしろそうだね」が適切。
　③　直後にアマンダが例を挙げているから，ウ「いいよ！」が適切。
　④　直後の「どういたしまして」より，エ「手伝ってくれてあり
　　がとう」が入る。
(2)　アマンダの7回目の発言，First .... Second .... の部分をそれ
　　ぞれ日本語で答える。
(3)　ア「アマンダはレポートに取り組んでいます」…レポートに取り
　　組んでいるのは英太である。　イ「アマンダは，スマートフォ
　　ンを使えば，情報共有が簡単だと考えています」…アマンダの5
　　回目の発言と一致。　ウ「アマンダはスマートフォンが学習に役
　　立つと考えています」…アマンダの6回目の発言と一致。　エ「英
　　太は最初にスマートフォンの悪い点を知りたかったです」…最初
　　にスマートフォンの良い点を知りたかった。　オ「英太はスマー
　　トフォンの正しい使い方を知るべきではないと思っています」…
　　英太は学ぶべきだと思っている。

【本文の要約】
　英太：こんにちは，アマンダ。レポートに取り組んでいるんだ
　　　　けど，君にいくつか質問してもいい？
アマンダ：もちろん！　①カ 何についてのレポート？
　英太：スマートフォンについてだよ。
アマンダ：②キ おもしろそうだね。 多くの人が日常生活でスマー
　　　　トフォンを使用しているよね。
　英太：そうだね，今はスマートフォンがすごく普及している
　　　　ね。生徒が教室でスマートフォンを使用できる高校もあ
　　　　るよ。この話題は興味深いよ。君はどう思う？
アマンダ：そうね，いい点も悪い点もあると思うよ。
　英太：僕もそう思うよ。いい点を先に知りたいな。
アマンダ：最近はほとんどの高校生がスマートフォンを持っていて，
　　　　インターネットに簡単にアクセスできる。教室でスマー
　　　　トフォンを使用できれば，高校生の学校生活は以前より
　　　　も便利になるよ。
　英太：よくわからないよ。例を挙げてくれない？
アマンダ：③ウ いいよ！ 例えば，生徒はインターネットを見て
　　　　回ったり，教室での活動をより効率よく行ったりするこ
　　　　とができるよ。クラスメートや先生と情報を共有するの
　　　　も簡単だよ。スマートフォンからインターネットを利用
　　　　するのが最速だよ。
　英太：なるほど。生徒はスマートフォンで他に何ができる？
アマンダ：そうね，生徒たちはさまざまな話題に関する動画を見つ
　　　　けて見ることができるよ。計算機または教室でメモを取
　　　　るためにも使えるね。スマートフォンは学習に役立つよ。
　英太：じゃあ，悪い点についてはどう思う？
アマンダ：まず，スマートフォンを使うと，生徒は集中力を失いや
　　　　すいと思うよ。次に，彼らはゲームをして，授業を聞か
　　　　ないよ。
　英太：君の意見を理解したよ。スマートフォンの正しい使い方
　　　　を学ぶべきだね。④エ 協力してくれてありがとう。
アマンダ：どういたしまして。

5　(1)⑦heard　⑦working　　(2)I have been playing the
　cello since　　(3)イ　　(4)腕にけがを負って，チェロの演奏

を続けることが困難になったから。／チェロが好きで，チェロ
に関わることをしたかったから。　　(5)祖父がたくさんのチェ
ロを作り，まだ夢を持ち続けているから。　　(6)①He gave
her it when she was eleven. ②She really feels happy.
(7)イ，オ

(1)⑦　現在完了〈have/has＋過去分詞〉"経験"の疑問文だから過
　　去分詞の heard にする。
　⑦　直前に be動詞の were があるので，過去進行形〈was/were
　　＋〜ing〉の形にする。
(2)　現在完了進行形〈have/has＋been＋〜ing＋since＋○○〉
　「○○以来ずっと〜している」の形にする。
(3)　教子が祖父からの質問「チェロ奏者になったら何をしたい
　　の？」に答えられず，イ「ただ有名なチェロ奏者になりたいよ」
　　と適当に答えた状況を読み取る。
(4)　下線部①の後の2〜3行に「腕にけがを負って，チェロの演奏
　　を続けることが困難になった」こと，6〜7行に「チェロが好き
　　で，チェロに関わることをしたかった」ことが書かれている。
(5)　下線部②直後の because 以下を日本語にする。
(6)①　「いつ祖父は教子にチェロをあげましたか？」…第3段落3
　　行目より，教子が11歳の時に祖父からチェロをもらったこと
　　がわかる。
　②　「チェロの音色を聞くと，教子はどのように感じますか？」
　　…第4段落17行目に，幸せな気分になれるとある。
(7)　ア「教子は今はチェロを練習していません」…今も練習してい
　　る。　イ「祖父は教子のためにチェロを作り，教子も祖父もそれ
　　を気に入っています」…第3段落3〜4行目，第4段落4〜5行
　　目と一致。　ウ「教子は雨の日に祖父を尋ねたので，森で作業を
　　しませんでした」…祖父と教子は森で作業をした。　エ「祖父は
　　チェロ職人なので，今でも上手にチェロを演奏することができま
　　す」…祖父はチェロを演奏できない。　オ「教子は木の声を人々
　　に届けたいです」…第5段落2〜3行目などと一致。

【本文の要約】
　チェロの音色を聞いたことがありますか？私は柔らかくてあたた
かいその音色が好きです。私は11歳からチェロを演奏していて，
今では毎日練習しています。私の祖父はチェロ職人なので，チェロ
はいつも私の身近にあります。祖父は森の小さな家に住んでいま
す。
　ある晴れた日の朝，私は祖父を訪ねました。彼は新しいチェロを
作るために家の近くで高樹齢のカエデの木を切っていたので，私は
切るのを手伝いました。作業中，私は「おじいちゃん，この木は何
歳？」と尋ねました。祖父は「百歳以上だよ，教子」と答えまし
た。「うわー，おじいちゃんや私が生まれる前からここにあったん
だね！」と私は言いました。祖父は私に，古い木ほどチェロの音色
をより深く柔らかくすることを教えてくれました。そして彼は「今
日は頑張って働いたね。コーヒーをいれるから家に帰ろう！」と言
いました。
　祖父の家で一緒にコーヒーを飲みながら，祖父は私にチェロ
についていろいろ教えてくれました。祖父は「あのチェロをま
だ使っているの？」と尋ねました。そのチェロは，私が11歳
の時に祖父がくれたものです。「もちろん。おじいちゃんのチェ
ロを気に入っているよ。将来はチェロ奏者になりたいの」祖父
は「それを聞いてうれしいよ。チェロ奏者になったら何をした
いの？」と言いました。祖父の質問を考えたこともなかったの
で，私は答えることができませんでした。私はただ，「うーん，
ただ有名なチェロ奏者になりたいよ」と言いました。彼はしばら
く考えて，「教子，ついておいで」と言いました。
　祖父は私を隣の部屋に連れて行きました。壁にはたくさんのチェ
ロが飾ってあり，部屋中に木の香りが漂っていました。私は「チェ
ロをいくつ作ったの？」と尋ねました。祖父は「何百も作ってきた
よ。お前のチェロはお前が生まれた時に作ったもので，私のお気
に入りなんだ」と言いました。「なぜチェロ職人になろうと思った
の？」と私は尋ねました。すると祖父は「実は，私もかつてはお前
のようにチェロ奏者になりたかったんだ，教子。でも，お前の年齢
のときに，腕にけがを負って，チェロの演奏を続けることが困難に

なったんだ」と答えました。私は祖父がそのことを話したことがなかったので，驚きました。祖父は15歳で夢を失いました。私は祖父の気持ちが想像できました。「それで，チェロ職人になることにしたんだね？」と私は言いました。祖父は「そうだよ。チェロが好きだったから，チェロに関することをしたかったんだ。それでも，人生の早い段階で本当に好きなものを見つけられて幸いだったよ」と言いました。祖父は続けました。「教子，全てのチェロを見てごらん。どのチェロも高樹齢のカエデの木で作られているんだ。これらの木はずいぶん前に切り倒されたけど，チェロとして永遠に生き続けることができるんだ」と言いました。私は「そんな風に考えたことはなかったよ。でも，チェロの音色を聞くと，本当に幸せな気持ちになるよ」と言いました。彼は笑顔で「チェロの音色は森の声のようなものだよ。私はカエデの木の最も美しい声を表現するためにチェロを作りたいんだ，教子」と言いました。そう言っているときの祖父の顔はおだやかでした。私は再度，祖父のチェロを見回しました。私は祖父がたくさんのチェロを作り，まだ夢を持ち続けていることにとても感動しました。

　私は今，別の目的でチェロを演奏しています。以前はただ有名なチェロ奏者になるために演奏していたのですが，今は木の声を人々に届けるためにチェロを演奏しようとしています。いつか祖父のチェロでそれを表現したいです。

6 ① I have wanted it for a long time.
　② <u>May</u> I see your pictures?（下線部は <u>Can</u> でもよい）
　③ I want to see them when I am tired
　④ I feel excited when I see them

① 現在完了〈have/has ＋過去分詞〉"継続"「ずっと～している」の文にする。
② 「～してもいいですか？」＝ May I ～？／ Can I ～？

7 (1) PET bottles are thrown away the most. ／ Cans are thrown away more than plastic.
　(2) We should clean the shopping district once a week.

放 送 文

1 (1) *Eita :* How was this event, Janet?
　Janet : Good, Eita! First, I was very surprised to see a lot of people along the river.
　Eita : Yes. This event is in the middle of summer every year. Did you like seeing it?
　Janet : Yes! I have never seen such beautiful works. But the sound was too big for me.
　Eita : I didn't feel so. I was very excited to hear the sound.
　Question : What are they talking about?
　(2) *Eita :* My parents will buy me this on my birthday.
　Janet : How nice! It will be very useful.
　Eita : Thank you. I have wanted this for a long time.
　Janet : How will you use this?
　Eita : I will take a lot of good pictures and enjoy listening to music outside with it. It is something like a computer.
　Janet : Right. But you should not use it too much.
　Question : What will Eita get on his birthday?
　(3) *Eita :* Did you go to your piano lesson on Friday August 13?
　Janet : No, I didn't. I couldn't go to the lesson because I got sick.
　Eita : That's too bad. When will you take the lesson?
　Janet : I will take it next Tuesday.
　Eita : Oh, I have my guitar lesson on the same day.
　Janet : Let's go home early on that day.
　Question : When is Janet going to have her piano

lesson?
　(4) *Eita :* What are you going to do next Sunday?
　Janet : I'm going to paint a picture. Painting pictures always makes me happy.
　Eita : Wow! You have a good hobby. How long have you been painting pictures?
　Janet : I have been painting pictures since I was five.
　Eita : Really? You started painting when you were very young. Where are you going to paint them next Sunday?
　Janet : I will paint them in the park.
　Question : What is Janet going to do next Sunday?

2 Some exciting events on Christmas Eve make children happy. I will introduce one of them. It is called the Santa Claus volunteer activities.
　When I was seven years old, my family had a party on Christmas Eve. Around eight o'clock, while we were eating dinner, someone came to the front door. My father told me that Santa Claus was there! I ran to the front door, and Santa Claus was really there. He said Merry Christmas with a smile and then gave me a Christmas present. After he left, I asked my mother about the Santa Claus. My mother smiled and said that someone from the Santa Claus volunteer program came to us. He stayed only a few minutes at the front door, but this became the best of my Christmas memories.

3 *Kyoko :* What are you reading about?
　John : I'm reading about the different cultures between Japanese school and American school. What do you think about them?
　Kyoko : In my school, students clean our classroom together for 15 minutes every day. But I've heard students in America don't clean their classroom.
　John : That's right. In America, cleaning workers usually clean our school. I think cleaning the classroom is good.
　Kyoko : I see. Why do you think cleaning the classroom is good?
　John : Our English teacher, Ms. Sato, told me that we could thank our school by cleaning. I think it's a really important thing. I've never forgot her words.
　Kyoko : Wow, it's a good story. By the way, my sister Aki is going to stay in America for three weeks.
　John : Will she visit America to study?
　Kyoko : Yes. I think she also wants to know about the different cultures between Japanese school and American school.
　John : I think so, too. Well, Kyoko, may I meet your sister? She can ask me questions about American school.
　Kyoko : That's a great idea! I will ask her free time.
　John : Sounds great.
Questions
(1) Is John reading about the different cultures between Japanese family and American family?
(2) How long does Kyoko clean her classroom every day?
(3) Has John forgot Ms. Sato's words?
(4) What can Aki do when she meets John?

ユニバーサルデザインとは、あらかじめ、障害の有無、年齢、性別、人種等にかかわらず多様な人々が利用しやすいよう都市や生活環境をデザインする考え方。

（内閣府「障害者基本計画」より作成）

問一 この報告会における司会の役割として最も適切なものを次のア～エから選び、記号を書きなさい。

ア 自分の感想を交えつつ、発表の要点をまとめる役割。

イ それた話題を元に戻し、議論の流れを修正する役割。

ウ それぞれの意見に同調しつつ、矛盾点を指摘する役割。

エ 自分の感想を述べることは控え、進行に徹する役割。

問二 英太さんが次の文を「やさしい日本語」で書き換えたところ、傍線部を先生に指摘された。【資料1】を踏まえて、傍線部を書き直しなさい。

> 「暴風警報　飛来物に警戒を。」

【書き換えた文】

> 「とても強い風がふきます。飛んでくる物に<u>警戒してください。</u>」

問三 教子さんたちは、ハザードマップを作成した後、地域の高齢者と、ホテルに滞在している外国人観光客に協力してもらい、それぞれからアンケートをとった。【資料2】は高齢者へのアンケート結果の一部、【資料3】は外国人観光客へのアンケート結果の一部である。二つの資料を関連させて読み取れることを書きなさい。

問四 「ハザードマップ」以外で、ユニバーサルデザインが必要だと思う場面について、その理由と具体的な事例や手立てをふくめて、次の条件に従って書きなさい。

〈条件〉

① 一マス目から書き始め、段落を設けないこと。

② 【資料4】を踏まえてあなたの考えを書くこと。

③ 一〇〇字以上一四〇字以内で書くこと。

四　教子さんのクラスでは、総合的な学習の時間に「台風時のハザードマップ」を作成することになりました。次の【報告会の様子】と【資料】を読んで、あとの問いに答えなさい。

【報告会の様子】

司会　それでは各グループの発表を始めます。Aグループ代表の教子さん、お願いします。

教子　私たちのグループは、イラストや図などを多く載せたマップがいいと思いました。なぜなら、小さい子どもや高齢者にとって、細かい字の説明や地図だけではわかりにくいからです。オリンピックなどで使用されているピクトグラムは、ぱっと見ただけでわかるところがいいと思うので、ぜひ取り入れていきたいです。色もたくさん使って、カラフルで目につきやすくするといいと思います。

司会　ありがとうございました。ピクトグラムといえば、案内標識などをイラストで表したものですね。それなら年齢や国籍も関係なく、情報や注意が伝わりやすそうです。次に、Bグループの発表です。代表の英太さん、お願いします。

英太　私たちは、日本語を十分に理解できない外国籍の方が、災害発生時に適切な行動をとれるように考え出された「やさしい日本語」を使ったハザードマップを提案します。以前、外国人観光客が台風時に情報を得られなくて困ったというニュースを聞いたことがあるからです。「やさしい日本語」は子どもや高齢者、障がい者の方などにとっても、分かりやすいコミュニケーション手段の一つなので、これをもとに作成していくといいと思います。

司会　なるほど。たしかに、外国籍の方にとって日本語は漢字もひらがなも混じっているぶん、難しいですよね。「やさしい日本語」というのは初めて耳にしましたが、こちらを使うともっと多くの人に情報が伝わりやすくなりそうですね。それでは全体の話し合いに移ります。

【資料1】　「やさしい日本語」の作り方

① 一つの文を短くし、簡単な構造にする。
② 外来語、略語は使わない。
③ 難しい言葉は、簡単な言葉に言い換える。
④ あいまいな表現は使わない。
⑤ 文末は統一する。
⑥ 漢字にはふりがなをつける。

【資料2】　高齢者へのアンケート
　　　　　「ハザードマップの良かった点」（複数回答）

【資料3】　外国人観光客へのアンケート
　　　　　「ハザードマップの良かった点」（複数回答）

めにも、会社のためにもいいかもしれないと思った。つばをのみこんでから、質問をぶつけた。

「選手の気持ちは、選手を経験した人にしかわからないんでしょうか?」

よく日に焼けた顔を、島さんは今日初めてほころばせた。

「そんなもん、俺かて、わからんわ」

「へっ……?」

「俺、少年野球どまりやし。長谷レベルの選手の気持ちなんて、わかるわけないやん」

決して投げやりではなく、しかし、冗談でもなく、島さんは言葉をつづけた。

「でもな、大事なのは想像してみることや。雨宮はマネージャーやったんやろ? 選手がどうしてほしいか、想像してみることくらいできるやろ?」

そう問いかけられて、自然とうなずいていた。できる。それなら、できる。頭がちぎれるくらい考えてやる。うなずくだけでは足りない気がして、「はい!」と、胸を張って返事した。

（朝倉宏景『あめつちのうた』講談社より）

*1 島さん…雨宮の上司で、グラウンドキーパーのトップである球場施設部長。
*2 ローラー…グラウンドを整地するために使用する、ローラーがついた車両のこと。
*3 ゴロ…地面を転がる打球。　*4 ノック…守備の練習のためにボールを打つこと。
*5 イレギュラー…ボールが不規則な跳ね方をすること。
*6 スパイク…靴底に金具をつけたシューズ。　*7 訥々…とぎれとぎれに話すさま。

問一 ①「まるでヒッチハイクのように」には、呼応の副詞が用いられている。同じく呼応の副詞が用いられているものを次のア〜エから一つ選び、記号を書きなさい。

ア　ずいぶんゆっくりとしたスタートだね。
イ　どうして学校へ行くのですか。
ウ　だんだん桜が咲き始めたようです。
エ　彼はいきなり走り始めたのだ。

問二 ②「『とめろ!』島さんが、怒鳴り声をあげていた」とあるが、島さんが雨宮を制止したのは、雨宮がどんな精神状態だと思ったからか、文章中の言葉を使って書きなさい。

問三 ③「その変化」とは、何によって、何が変化することか。文章中の言葉を使って書きなさい。

問四 ④「考えてもらうためや」とあるが、島さんが、雨宮に社会人として持っていてほしいのは、どのような考え方か。「社会人は〜ということ。」という形で島さんの言葉から抜き出して書きなさい。

問五 ⑤「眼光」と同じ構成の熟語を次のア〜エから一つ選び、記号を書きなさい。

ア　身体　　イ　略図　　ウ　主従　　エ　国立

問六 ⑥「生半可な」の意味としてふさわしいものを次のア〜エから一つ選び、記号を書きなさい。

ア　幼稚で現実味のない　　イ　他人任せで無責任な
ウ　中途半端で不十分な　　エ　強情で独りよがりの

問七 ⑦「やめるなら、今かもしれない……」とあるが、このとき雨宮がそう思ったのは、どのような悩みを抱えていたからか、文章中の言葉を使って書きなさい。

問八 ⑧「よく日に焼けた顔を、島さんは今日初めてほころばせた」とあるが、島さんは、雨宮だからこそできるのは、どのようなことだと思っているか、文章中の言葉を使って書きなさい。

問九 この文章についての説明として最も適切なものを次のア〜エから選び、記号を書きなさい。

ア　比喩表現の多用により、雨宮と島さんの心理がわかりやすく描かれている。
イ　擬態語の使用によって、長谷の言葉に苦悩する雨宮の内面が描かれている。
ウ　短文の会話や方言によって、リアリティや臨場感が高まるように描かれている。
エ　第三者の視点を通して、雨宮や指導する島さんの姿が客観的に描かれている。

合格判定テスト
実力診断
─社会─

その2

注 意

1．机上に定規を用意しなさい。

2．問題は7ページあります。どの問題から始めてもかまいません。

3．制限時間50分，50点満点のテストです。

4．答えは，**別紙の解答用紙**に，はっきりとていねいに書きなさい。

K 教英出版

1 教子さんは，受験勉強で社会の復習をするために，これまでに学んだ世界地理について，地図や資料を集めてみた。

地図

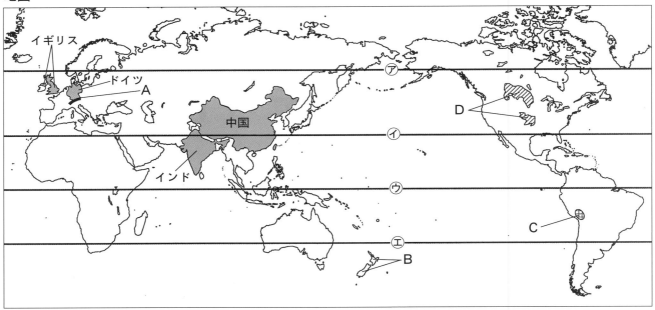

(1) 地図中のAの山脈の名称を書きなさい。

(2) 地図中の⑦～①は，赤道と，赤道を基準として30度間隔に引いた3本の緯線である。このうち①の緯線の緯度は何度か。北緯，南緯を明らかにして書きなさい。

(3) 地図中のB国の国内に暮らす先住民族として最も適切なものを，次のア～エから1つ選び，記号を書きなさい。

ア　アボリジニ　　　イ　イヌイット　　　ウ　マオリ　　　エ　ヒスパニック

(4) 地図中のCで示した地域のうち，標高4000 m付近でみられる気候や生活のようすについて述べた文として最も適切なものを，次のア～エから1つ選び，記号を書きなさい。

ア　夏の降水量が少ないため，乾燥に強いオリーブの栽培がさかんである。

イ　気温が低く作物が育ちにくく，リャマやアルパカの放牧が営まれている。

ウ　季節風の影響を受けて夏の降水量が多いため，稲作がさかんである。

エ　一年中気温が高く，草原や森林が広がる地域で焼畑農業が営まれている。

(5) 次のア～エは，2019年における大豆，小麦，綿花，とうもろこしのいずれかの農産物の輸出量の上位5か国とその割合を示したものである。地図中のDで示した地域で主に栽培される農産物を，ア～エから1つ選び，記号を書きなさい。

	ア			イ			ウ			エ	
順位	国名	割合(%)	順位	国名	割合(%)	順位	国名	割合(%)	順位	国名	割合(%)
1	アメリカ	39.4	1	ブラジル	47.7	1	ロシア	17.8	1	ブラジル	23.3
2	ブラジル	17.9	2	アメリカ	33.7	2	アメリカ	15.1	2	アメリカ	22.6
3	インド	6.8	3	アルゼンチン	6.5	3	カナダ	12.7	3	アルゼンチン	19.6
4	オーストラリア	6.0	4	パラグアイ	3.2	4	フランス	11.1	4	ウクライナ	13.3
5	ギリシャ	4.0	5	カナダ	2.6	5	ウクライナ	7.4	5	ルーマニア	3.6

(6) 教子さんは地図中の中国について調べ，まとめた。

教子さんのまとめ

> 中華人民共和国は，日本の約（　④　）倍の国土面積をもち，14億1000万人の人が生活している。増え続ける人口を抑えるために一人っ子政策をとっていたが，　　　回　　　という予測から2016年1月以降一人っ子政策は廃止された。

① 教子さんのまとめの（　④　）にあてはまる数として最も適切なものを，次のア～エから1つ選び，記号を書きなさい。

ア　10　　イ　15　　ウ　20　　エ　25

② 教子さんのまとめの　回　にあてはまる語句を，資料1を参考にして書きなさい。

資料1　中国の年齢別人口構成比の推移

	1990	2000	2010	2020	2030	2040年
65歳以上	5.6	6.7	7.8	11.3	15.5	21.2
15歳以上65歳未満	66.7	66.2	70.8	69.9	67.1	63.8
15歳未満	27.7	27.1	21.4	18.8	17.4	15.0

　□ 15歳未満　　▨ 15歳以上65歳未満　　■ 65歳以上

資料2　中国の製鉄所の分布

資料3　日本の製鉄所の分布

③ 次に教子さんは，中国の工業について調べた。資料2は中国の主な製鉄所の分布を，資料3は日本の主な製鉄所の分布を示したものである。資料2，資料3を参考にして，中国と日本の製鉄所の分布が異なっている点について，書きなさい。ただし，日本については分布の理由を含めて書くこと。

(7) 地図中のイギリスについて，問いに答えなさい。
① イギリスの首都を書きなさい。
② 資料4は，地図中のB国の国旗である。B国の国旗の左上にイギリスの国旗が描かれている理由を，B国の国名をあきらかにして書きなさい。

資料4　B国の国旗

③ 資料5は，イギリスの首都と札幌市の気温と降水量のグラフである。イギリスの首都は札幌市より高緯度に位置するが，冬季の気温は，札幌市よりイギリスの首都の方が高いことがわかる。その理由を海流と風に着目して書きなさい。

資料5　イギリスの首都と札幌市の気温と降水量

(8) **地図**中のドイツについて，問いに答えなさい。

① ドイツでは，小麦・ライ麦・じゃがいも・てんさいなどの畑作物と，牛や豚などの家畜の飼育を組み合わせた農業が営まれている。穀物栽培・飼料作物栽培・家畜の飼育を組み合わせた農業を何というか，書きなさい。

② ドイツは，EU に加盟している。**資料6**は，2020 年における EU 加盟国の中で，共通通貨が用いられている国に色をつけたものである。EU 加盟国の共通通貨の名称を明らかにしたうえで，共通通貨の導入が人々の移動にどのような影響を与えたか，書きなさい。

資料6　共通通貨の導入国

(9) **資料7**は，2010 年と 2018 年における，**地図**中のイギリス・ドイツ・中国・インドの 4 か国の再生可能エネルギーによる発電量の総発電量に占める割合を示したものである。また，**資料8**は，2010 年と 2018 年における，4 か国の発電エネルギー源別発電量の総発電量に占める割合を示したものである。**資料7**の中で割合の変化が最も大きい国と 2 番目に大きい国を答え，**資料8**においてその 2 か国に共通する割合の変化の特徴を書きなさい。

資料7　　　　　　　　　　　(%)

	2010 年	2018 年
イギリス	6.8	35.4
ドイツ	16.5	37.0
中国	18.8	26.2
インド	16.4	19.0

資料8　　　　　　　　　　　　　　　　　　　　　　　(%)

	風力		水力		太陽光	
	2010 年	2018 年	2010 年	2018 年	2010 年	2018 年
イギリス	2.7	17.1	1.8	2.4	0.0	3.9
ドイツ	6.0	17.1	4.4	3.7	1.9	7.1
中国	1.1	5.1	17.2	17.2	0.0	2.5
インド	2.1	4.1	11.9	9.5	0.0	2.5

2　地図1のA～Dは県を，s は都市を示している。

(1) **資料1**は，日本の最東端に位置し，東京都に属している島の写真である。島の名称を書きなさい。

資料1　日本の最東端の島

地図1

(2) 地図1中のA県について，問いに答えなさい。

① A県の県庁所在地名を書きなさい。

② **資料2**は，A県でさかんに生産される農産物Ｘの県別収穫量を示したものである。農産物Ｘを次の**ア**～**エ**から 1 つ選び，記号を書きなさい。

資料2　農産物Xの県別収穫量

順位	県名	収穫量（トン）
1	愛知県	262300
2	A県	256500
3	C県	119500
4	B県	105800
5	鹿児島県	72200

ア　はくさい　　　**イ**　小麦
ウ　キャベツ　　　**エ**　だいこん

③ **資料3**は，A～D県から東京都中央卸売市場に出荷された農産物Ｘの月別取扱量を示したものである。A県の月別取扱量を示したものを**資料3**の**ア**～**エ**から 1 つ選び，記号を書きなさい。また，選んだ理由をA県で行われている農産物Ｘの栽培方法の工夫を含めて書きなさい。

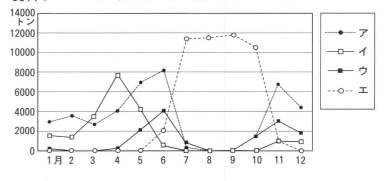

資料3　A～D県の東京都中央卸売市場に出荷された農産物Xの月別取扱量

合格判定テスト
実力診断
―数 学―

その2

K 教英出版

1 次の計算をしなさい。(各2点、計8点)

(1) $10+9÷(-3)$

答

(2) $5(2x-y)-2(3x+2y)$

答

(3) $(-5x^2y)÷3xy×6xy^2$

計算

答

(4) $\sqrt{48}(3-\sqrt{3})-\sqrt{27}$

計算

答

---

5 下の図は、立方体の展開図である。これを組み立てたとき、平行に向かいあう面が3組ある。その組み合わせをすべて、**ア〜カ**の記号で書きなさい。(2点)

答　　と　，　と　，　と

6 A市、B市、C市について、2014年から2021年の6月の1か月間における雨が降った日の日数を調べた。右の表は、A市における結果をまとめたものである。下の図は、A市、B市、C市における結果を表した箱ひげ図である。この表や図について、次の問いに答えなさい。ただし、日数のデータはすべて整数とする。(各2点、計4点)

年	日数(日)
2014	10
2015	7
2016	8
2017	15
2018	12
2019	11
2020	15
2021	18

8 下の図のように，2点A，Bを通る直線ℓと，線分CDがある。次の条件を満たす点Pを作図によって求めなさい。ただし，作図に用いた線は残しておくこと。（3点）

条件① △PABは，PA＝PBの二等辺三角形である。
条件② ∠DCP＝45°である。

10 教英中学校には長さ50mのプールがある。このプールで数子さんと水泳部員である英子さんが1往復して100mを泳ぐ競争をした。数子さんが先にスタートし，その30秒後に英子さんが同じスタート地点からスタートした。数子さんは100mを120秒で泳ぎ，英子さんは100mを80秒で泳いだ。

下の図は，数子さんがスタートしてからの時間を x 秒，スタート地点からの距離を y mとし，数子さんのグラフをかきものである。このとき，次の問いに答えなさい。ただし，2人とも一定の速さで泳ぎ，折り返しのターンにかかる時間は考えないものとする。

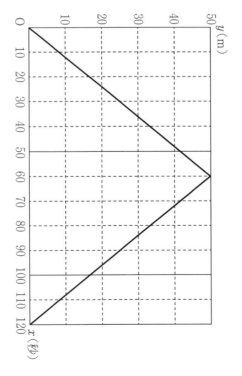

求め方

(1) 数子さんの泳ぐ速さは秒速何mか，分数で求めなさい。（2点）

11 下の図で、①は関数 $y=-\dfrac{9}{x}$ のグラフ、②は関数 $y=-3x+a$ のグラフで、②は関数 $y=-3x+a$ のグラフである。点A、Bはグラフ①と②の交点であり、点Aの x 座標は -1 である。また、②と y 軸との交点をC、点Bを通る直線③と x 軸との交点をD、点Bを通り y 軸に平行な直線と x 軸との交点をEとする。このとき、次の問いに答えなさい。

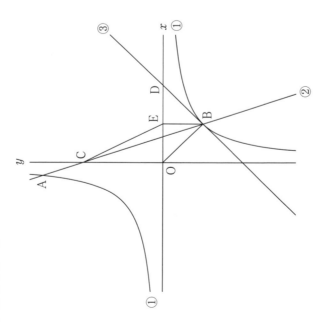

(1) a の値を求めなさい。（2点）

求め方 →

答　$a=$ 　　　　

(2) 点Bの x 座標が3となるとき、四角形BECOと△BODの面積の比が3：2となる。このとき、点Dの座標を求めなさい。（3点）

求め方 →

---

13 下の図の四角形ABCDはひし形であり、△BCEはBC＝BEの二等辺三角形である。点Fは直線AEと辺CDとの交点である。∠ADC＝50°、∠BCE＝75°であるとき、∠ x の大きさを求めなさい。（3点）

求め方 →

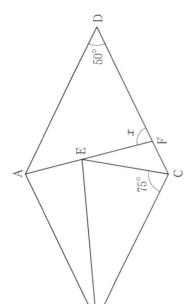

答　　　　　度

14 下の図の四角形ABCDは正方形で、BE＝CFとなるように、辺BC上に点E、辺CD上に点Fをとる。点Aと点E、点Bと点Fをそれぞれ結ぶとき、∠AGB＝90°であることを証明しなさい。（4点）

（図）A □ D

合格判定テスト
実力診断
―理 科―

その2

注　意

1．問題は7ページあります。どの問題から始めてもかまいません。

2．制限時間50分，50点満点のテストです。

3．答えは，**別紙の解答用紙**に，はっきりとていねいに書きなさい。

---

1 次の(1)～(4)の問いに答えなさい。

(1) モノコードを使って音の性質について調べるため，図1
のように弦をはじいて発生させた音を，マイクを通してオ
シロスコープの画面に表示させ観察した。

図1

コマ　弦の長さ

モノコード　　　　オシロスコープ

① 音が発生したとき，オシロスコープの画面はどのよう
に表示されるか，適するものを次の**ア**～**エ**から1つ選び，
記号を書きなさい。

ア 　**イ** 　**ウ** 　**エ**

② 図1のコマを動かして，発生させた音よりも高い音にするための操作を書きなさい。

(2) シダ植物の特徴を調べるため，イヌワラビのからだのつくりを観察し，図2の
ようにスケッチした。

図2

① イヌワラビの葉の部分はどこか，図2のa～dからすべて選び，記号を書き
なさい。

② aの部分の裏側の小さな袋状ものは，図3のゼニゴケにも見られるつくりで
ある。イヌワラビとゼニゴケが共通してもつ特徴として適するものを次の**ア**～
エから1つ選び，記号を書きなさい。

図3

ア 水を体の表面全体から吸収する。

イ 光合成を行って自ら栄養分を作る。

ウ 雄株と雌株に分かれている。

エ 種子を作ってふえる。

(3) 質量が13.5gの3種類の金属**X**～**Z**と50.0cm³の水を入れたメスシリンダーを用意
し，図4のように金属**X**を入れ，水中に沈んだときのメスシリンダーの目盛りを読
み取った。さらに，金属**Y**，**Z**についても，それぞれ同様の実験を行い，メスシリ
ンダーの目盛りを読み取った。表は，このときの結果をまとめたものである。

図4 　　金属**X**

① 金属**X**の密度は何g/cm³か，求めなさい。

② 金属**X**～**Z**の密度の大きさの関係として適するも
のを次の**ア**～**エ**から1つ選び，記号を書きなさい。

ア X＞Y＞Z　　　**イ** X＞Z＞Y　　　**ウ** Y＞Z＞X　　　**エ** Z＞Y＞X

表

	金属**X**	金属**Y**	金属**Z**
読み取った体積〔cm³〕	55.0	51.7	51.5

(4) 図5は，前線xと前線yをともなう温帯低気圧が西から
東に移動し，ある地点Pを前線x，前線yの順に通過する
前後のようすを表した模式図である。

図5

前線x，前線yが　　　前線x，前線yが
通過する前　　　　　通過した後

① 前線yが前線xに追いつくとできる前線を何というか，
書きなさい。

② 前線yの通過にともなって降る雨は，前線xの通過にともなって降る雨に比べて，降り方にどのような
特徴があるか，雨の強さと雨が降る時間に着目して書きなさい。

— 1 —

2 英太さんと教子さんは，反応の速さについて調べるため，実験をすることにした。あとの問いに答えなさい。

〈実験〉
　30cmのものさしを用意し，図1のように英太さんはものさしの上端を持ち，ものさしの0の目盛りを教子さんの手の位置に合わせた。また，英太さんと教子さんはお互いに空いている手をつなぎ，教子さんは目を閉じた。英太さんは，つないだ手を強くにぎると同時にものさしをはなした。教子さんは，つないだ手が強くにぎられたのを感じたら，すぐにものさしをつかみ，図2のように，ものさしが落下した距離を測定した。このような操作を5回繰り返し，結果を表に示した。

図1 英太さん　教子さん　ものさし　机　手の位置

図2 手の位置　ものさしが落下した距離　0の目盛りの位置

表

	1回目	2回目	3回目	4回目	5回目
ものさしが落下した距離〔cm〕	19.0	20.8	18.5	20.0	19.2

(1) 図3は，教子さんがつないだ手を強くにぎられてから，刺激が信号に変えられ，反対側の手でものさしをつかむまでの反応の経路である。①，②にあてはまる末しょう神経をそれぞれ書きなさい。

図3　にぎられた手の皮ふ→　①　→中枢神経→脳→中枢神経→　②　→反対側の手の筋肉

(2) より正しい値を求めるためには，〈実験〉のように繰り返しものさしが落下した距離を測定し，平均値を求める必要がある。その理由を書きなさい。また，表から，5回の実験の平均値を求めなさい。

(3) 図4は，30cmのものさしが落下する時間と落下する距離の関係を示したものである。図4と，(2)で求めた平均値から，手を強くにぎられてから反対側の手でものさしをつかむまでの時間として適するものを次のア～エから1つ選び，記号を書きなさい。

ア　0.19秒　　イ　0.20秒　　ウ　0.21秒　　エ　0.22秒

図4
落下する距離〔cm〕／落下する時間〔秒〕

(4) 手で熱いものにふれたとき，熱いと感じる前に思わず手を引っこめる反応は反射であり，危険から体を守ることに役立っている。この反応が〈実験〉のような意識して起こす反応に比べて短い時間で起こるのはなぜか，「せきずい」という言葉を使って書きなさい。

教子さんは，神経に続いてからだの各器官のはたらきについても調べたいと思い，教科書に載っていたヒトの血液の循環のようすを模式的に表した図5を使って調べた。

(5) 図5のa～dのうち，含まれる栄養分の割合が最も大きい血液が流れる部分として適するものを1つ選び，記号を書きなさい。

(6) 図6は，肺の一部を模式的に表したものである。気管支の先端にたくさんある小さな袋を何というか，書きなさい。

(7) 血液が，肺から全身の細胞に酸素を運ぶことができるのは，赤血球に含まれるヘモグロビンの性質によるものである。その性質を，「酸素」という言葉を使って書きなさい。

(8) 細胞の生命活動によってできた有害なアンモニアを，無害な尿素に変える器官は何か，書きなさい。

図6 気管支

毛細血管　小さな袋

図5

脳　肺　心臓　肝臓　小腸　腎臓　全身の細胞　a　b　c　d

K 教英出版

3 教子さんと英太さんはさまざまな物質の化学変化に興味をもち，実験1，2を行った。あとの問いに答えなさい。

〈実験1〉

図1のように炭酸水素ナトリウム3.0gを乾いた試験管に入れ，試験管を弱火で加熱して発生した気体を水上置換法で集めた。気体が発生しなくなったら，ガラス管を水そうから取り出し，加熱をやめた。次に，①1本目の試験管に集まった気体は使わず，2本目の試験管に集まった気体，加熱した試験管の内側についた液体，加熱した試験管に残った固体，炭酸水素ナトリウムの性質を調べた。

図1

炭酸水素ナトリウム
ガスバーナー
ゴム管　ガラス管
水

(1) 〈**実験1**〉で起こる化学変化を何というか，書きなさい。

(2) 下線部①で，1本目の試験管に集まった気体を使わないのはなぜか，書きなさい。

英太：試験管の内側についた液体は塩化コバルト紙を使うと調べられるね。

教子：そうね。**表1**の実験結果から，試験管の内側についた液体は水だとわかるね。発生した水をさらに分解できないのかな。

英太：②水に電流を流せば水素と酸素に分解できるんじゃないかな。

教子：それと，**表1**の実験結果から，③試験管に残っている白い固体は，炭酸水素ナトリウムとは別の物質だとわかるね。

英太：つまり，炭酸水素ナトリウムを加熱すると，固体，液体，気体に分かれるってことだね。

表1

	操作	結果
試験管内の内側についた液体	青色の塩化コバルト紙をつける。	赤色に変わる。
試験管に残っている白い固体	水に溶かし，フェノールフタレイン溶液を加える。	水によく溶け，溶液は赤色に変わる。
炭酸水素ナトリウム	水に溶かし，フェノールフタレイン溶液を加える。	水に少し溶け，溶液はうすい赤色に変わる。

(3) 下線部②のように，水に電流を流して水素と酸素に分解したときの化学変化を，化学反応式で書きなさい。

(4) 下線部③で，試験管に残っている白い固体の名称を書きなさい。また，試験管に残っている白い固体は炭酸水素ナトリウムと比べてどのような特徴があるか，「アルカリ性」という言葉を使って書きなさい。

合格判定テスト
実力診断
―英　語―

その2

―――― 注　意 ――――

1．問題は7ページあります。※**放送による問題**は，放送の指示にしたがってやりなさい。

2．制限時間50分，50点満点のテストです。

3．答えは，**別紙の解答用紙**に，はっきりとていねいに書きなさい。

4．**英語を書くときは，大文字，小文字**の区別や，**ピリオド，コンマ**などに気をつけて書きなさい。

※音声の聴き方は「このテストの使い方」に記載しています。

放送文は，「正答例と解説」の15ページにあります。ウェブサイトで音声を聴くことができない場合は，そちらを読みながらテストを実施してください。

K 教英出版

☆1・2・3は放送による問題です。

1 英太 (Eita) とジャネット (Janet) の対話とそれに対する質問を聞いて，質問の答えとして適するものをア，イ，ウ，エから１つ選び，記号を書きなさい。英語は２回くり返します。

(1) ア　　　　　イ　　　　　ウ　　　　　エ

(2) ア　　　　　イ　　　　　ウ　　　　　エ

使いすぎに注意　　音楽は再生できません　　画像を見ることはできません　　机の上に置くタイプ

(3) ア　　　　　イ　　　　　ウ　　　　　エ

ピアノ　　ギター　　ピアノ　　ギター

(4) ア　　　　　イ　　　　　ウ　　　　　エ

2　ALT のリアム（Liam）先生がクリスマスの思い出について話をしています。内容に合うように，①〜⑤の
（　　　）に適する日本語を書きなさい。英語は2回くり返します。

- クリスマスイブのいくつかのわくわくするイベントは（　　①　　）。
- リアム先生が紹介するのはサンタクロースのボランティア活動である。
- サンタクロースのボランティア活動では…

> - クリスマスイブの夜にサンタクロースが（　　②　　）にやってくる。
> - サンタクロースは（　　③　　）メリークリスマスと言い，（　　④　　）をくれる。
> - サンタクロースはたった数分しかいないが，子どもたちの一番の（　　⑤　　）に
>   なるクリスマスをもたらしてくれる。

3　教子（Kyoko）とジョン（John）がある記事を話題にしています。対話を聞き，(1)(2)は質問の答えとして適
するものをア，イ，ウから1つずつ選び，記号を書きなさい。(3)(4)は質問に英語で答えなさい。英語は2回くり
返します。

(1)　ア　Yes, he is.　　　イ　No, he isn't.　　　ウ　Yes, he does.

(2)　ア　For 50 minutes.　イ　For 5 minutes.　　ウ　For 15 minutes.

(3)　_____.

(4)　She _____.

K 教英出版

4 英太 (Eita) と留学生のアマンダ (Amanda) が, スマートフォン (smartphone) の話をしています。対話を読んで, あとの問いに答えなさい。

Eita : Hello, Amanda. I'm working on my *report. Can I ask you some questions?

Amanda : Of course! (　　　　①　　　　)

Eita : It's about smartphones.

Amanda : (　　　　②　　　　) I know a lot of people use smartphones in their *daily lives.

Eita : Yes, smartphones are very popular today. Now, some high school students can use smartphones in the classroom. I think this topic is interesting. What do you think about it?

Amanda : Well, I think there are both good *points and bad points.

Eita : I think so, too. I want to know about the good points first.

Amanda : These days, most high school students have a smartphone. They have easy *access to the internet. If the students can use smartphones in the classroom, their school life is more *convenient than before.

Eita : I don't understand your point. Could you give me an example?

Amanda : (　　　　③　　　　) For example, students can *surf the internet and work on classroom *activities more *effectively. *Sharing information with classmates and teachers is easy. Using the internet from their smartphones is the fastest.

Eita : I understand. *What else can students do with their smartphones?

Amanda : Well, students can find and watch videos about a lot of topics. They can also use it as a *calculator or for taking *notes in the classroom. Smartphones can be useful for learning.

Eita : Well, what do you think about the bad points?

Amanda : First, I think that it's easy for students to *lose focus when they use smartphones. Second, they play games and don't listen to the class.

Eita : I understand your *opinion. We should learn the right way to use smartphones. (　　　　④　　　　)

Amanda : You're welcome.

*report : レポート

*daily lives : 日常生活

*point(s) : 点

*access : アクセス

*convenient : 便利な

*surf the internet : インターネットを見て回る
*activities : 活動
*effectively : 効率よく
*share : 共有する

*what else : 他に何か

*calculator : 計算機

*note(s) : メモ

*lose focus : 集中力を失う

*opinion : 意見

－ 3 －

国語　解答　用紙

*は一つ一点とする。

解答に字数制限がある場合は、句読点も一字として数えること

一

① *	⑤ *
② *	⑥ *
③ * ぐ	⑦ * ぶ
④ * める	⑧ * い

組	番	氏　名	得点

二

問一 *		問二 *

完答 問三 **		問四 **

問五 **	問六 **（①）

（②）**

問七 **

問八 **

三

社　会　解　答　用　紙

*は1つ1点とする。

組	番	氏　名	得　点

1

(1)*

(2)* 　山脈

②*

(3)* 　度

(4)*

(5)*

(6) ①* 　②* 　③**

(7) ①* 　②* 　③*

(8) ①* 　②**

(9) 割合の変化が最も大きい国と2番目に大きい国* 　共通する割合の変化の特徴*

2

(1)* 　島

(2) 記号* 　①* 　②* 　市 　理由*

③

合格判定テスト・実力診断 その2

理 科 解 答 用 紙

*は1つ1点とする。

組	番	氏 名	得点

教英出版

1

(1) ①* ②*

(2) ①*

(3) **①* ②*

(4) ①* **②*

g/cm³

2

(1) ①* ②*

(2) 理由*

(3)* (4)*

(5)* (6)*

(7)* (8)*

平均値* cm

(1)* (2)*

名称*

③

組	番	氏 名	得 点

合格判定テスト・実力診断　その2

英 語 解 答 用 紙

＊は1つ1点とする。

1 | ＊(1) | ＊(2) | ＊(3) | ＊(4) |

2 | ＊① | ＊② | ＊③ | ＊④ | ＊⑤ |

3 | ＊(1) | ＊(2) | ＊(3) | ＊(4) She |

4
(1) ＊① | ＊② | ＊③ | ＊④
(2) ＊
(3) ＊

(1) ＊⑦ | ＊①

＊＊

I was eleven, and now I practice it every day.

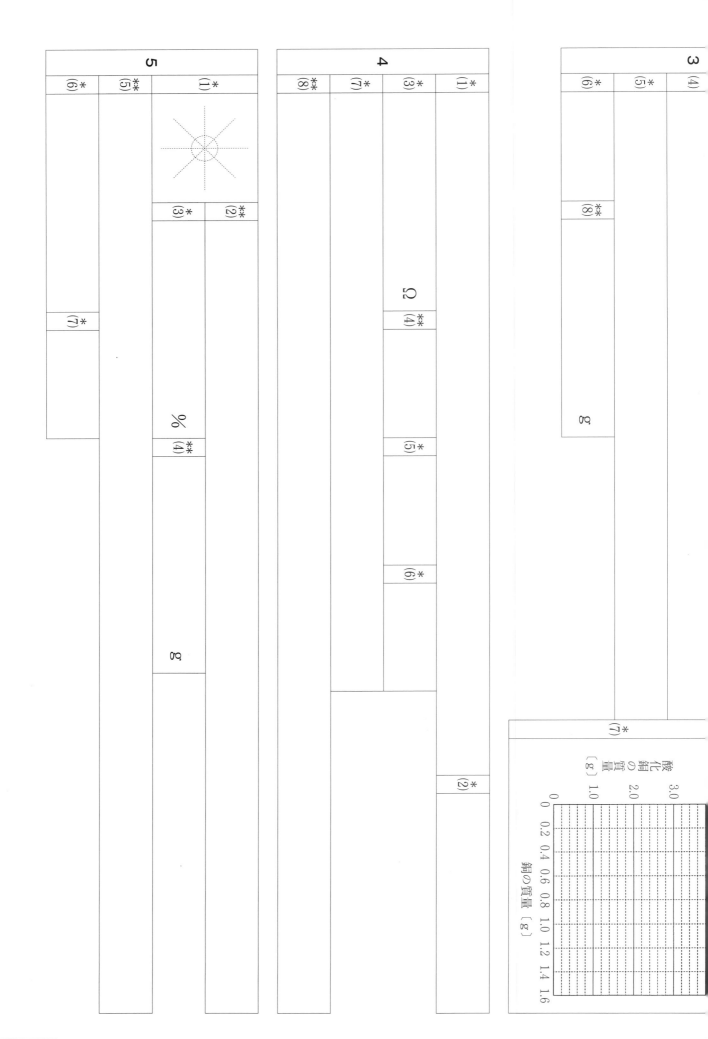

3

(4)		
(5) *		
(6) *	(8) **	g
(7) *	酸化銅の質量 [g]	銅の質量 [g]

4

(1) *	(2) *
(3) *	(4) ** Ω	(5) *	(6) *
(7) *		
(8) **		

5

(1) *	(2) **	(3) *
(5) **	(4) ** %	g
(6) *	(7) *	

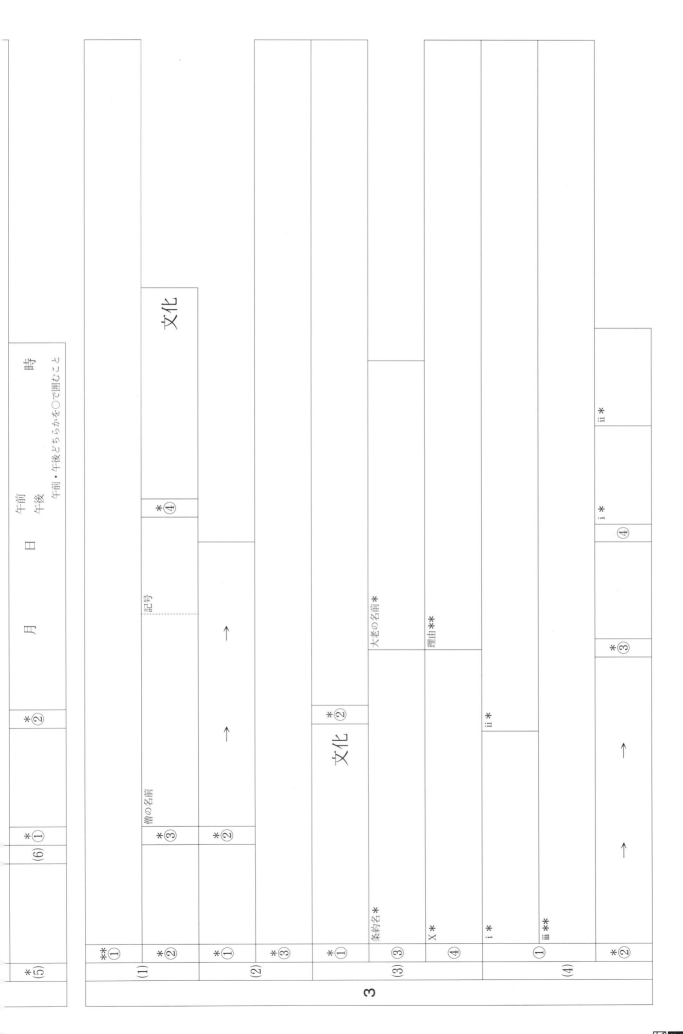

四

問一
**

問二
**

問三
***

問四
**

〔140〕

〔100〕

問四
**
社会人は

問五
*

問六
*

問七
**

問八
**

問九
**

ということ。

(1) ①～④の(   )に最も適する英語を次の**ア**～**キ**から1つずつ選び，記号を書きなさい。

> **ア** I like your smartphone.　　**イ** I'm not interested in smartphones.
>
> **ウ** Sure!　　**エ** Thank you for your help.
>
> **オ** How about you?　　**カ** What is your report about?
>
> **キ** Sounds exciting.

(2) アマンダが述べたスマートフォンの悪い点を日本語で2つ書きなさい。

(3) 対話の内容と合うものを次の**ア**～**オ**から2つ選び，記号を書きなさい。

ア Amanda is working on her report.

イ Amanda thinks sharing information by using smartphones is easy.

ウ Amanda thinks smartphones can be useful for learning.

エ Eita wanted to know about the bad points of smartphones first.

オ Eita thinks he shouldn't know the right way to use smartphones.

5 教子（Kyoko）は，チェロ（cello）についてスピーチ原稿を書きました。英文を読んで，あとの問いに答えなさい。

Have you ever ㋐(hear) the sound of a cello? It's soft and warm, and I like the sound. [have ／ playing ／ the ／ since ／ been ／ cello ／ I] I was eleven, and now I practice it every day. My grandfather is a cello *maker, so cellos are always *close to me. He lives in a small house in the *woods.

One sunny morning, I visited Grandfather. He was *cutting an old *maple tree near his house to make a new cello, so I helped him cut it. When we were ㋑(work), I asked, "How old is this tree, Grandfather?" He answered, "It's more than a hundred years old, Kyoko." "Wow, it was here before you and I *were born!" I said. He taught me that older trees make the sound of a cello *deeper and softer. Then he said, "Well, we worked hard today. Let's go back to the house and I'll make you a cup of coffee!"

While we were drinking coffee together in his house, Grandfather told me many things about cellos. He asked, "Do you still use the cello?" Grandfather gave me the cello when I was eleven. "Of course, I do. I like your cello. I want to be a *cellist in the future." Grandfather said, "I'm glad to hear that. And what do you want to do when you become a cellist?" I never thought about that, so I couldn't answer his question. I only said, "Well, _____." He thought *for a while and said, "Come with me, Kyoko."

Grandfather took me to the next room. There were a lot of cellos on the wall, and the *smell of trees was *everywhere in the room. I asked, "How many cellos have you made?" He said, "I have made *hundreds of them. I made your cello when you were born, and it's my favorite." "①Why did you decide to be a cello maker?" I asked. Then he answered, "*Actually I once wanted to be a cellist like you, Kyoko. But when I was your *age, I *hurt my arm and it was difficult to continue playing the cello." I was surprised because he never talked about it before. He lost his dream at the age of fifteen. I could *imagine his heart. I said, "Then, you decided to be a cello maker, right?" He said, "Yes. I wanted to do something about cellos because I still liked them. Well, I was happy because I found my favorite thing early in my life." He continued, "Look at all the cellos, Kyoko. Every cello is made of old maple trees. Those trees were *cut down a long time ago, but they can live *forever as cellos." I said, "I've never thought about them that way. But when I listen to the sound of a cello, I really feel happy." He smiled and said, "It's like a voice from the woods. I want to make cellos to *express the most beautiful voice of the maple trees, Kyoko." Grandfather's face looked soft and warm when he said so. Again, I looked around his cellos. ②I *was very impressed because he made a lot of cellos and still continued to hold his dream.

Now I play the cello in a different way. I just played it to be a famous cellist before, but now I try to play the cello to *deliver the voice of the trees to people. I want to express it someday with his cello.

*maker：職人
*close：身近な
*woods：森
*cut(ting)：切る
*maple：カエデ

*be born：生まれる
*deep(er)：深い

*cellist：チェロ奏者

*for a while：
しばらくの間

*smell：香り
*everywhere：
いたるところに
*hundreds of：
数百の
*actually：実は
*age：年齢
*hurt：けがを負う

*imagine：想像する

*cut：cutの過去分詞
*forever：永遠に

*express：表現する

*be impressed：
感動する

*deliver：届ける

教英出版

(1) ⑦と④の動詞を適する形にしなさい。形を変える必要がない場合はそのまま書きなさい。

(2) 〔　　〕内の英語を，正しい語順に並べかえて書きなさい。

(3) □□□□に最も適する英語を次の**ア～エ**から選び，記号を書きなさい。

　ア　I just want to be a famous cello maker
　イ　I just want to be a famous cellist
　ウ　I want to be a cellist like you
　エ　I want to be a cello maker like you

(4) 下線部①の質問に対する理由を，日本語で2つ具体的に書きなさい。

(5) 下線部②のように教子が感動した理由を日本語で具体的に書きなさい。

(6) 本文の内容に合うように，次の質問に4語以上の英語で答えなさい。

　①　When did Kyoko's grandfather give her a cello?
　②　How does Kyoko feel when she listens to the sound of a cello?

(7) 教子のスピーチの内容と合うものを，次の**ア～オ**から2つ選び，記号を書きなさい。

　ア　Kyoko doesn't practice the cello now.
　イ　Grandfather made a cello for Kyoko and both Kyoko and Grandfather like it.
　ウ　Kyoko visited Grandfather on a rainy day, so they didn't work in the woods.
　エ　Grandfather can play the cello very well now because he is a cello maker.
　オ　Kyoko wants to deliver the voice of trees to people.

次のページにも問題があります。

K 教英出版

6 教子（Kyoko）と友人のエマ（Emma）がリモートで話をしています。①と②のことを伝えるとき，英語でどのように言いますか。下線部に適する英語を書きなさい。また，③と④には，会話の流れが自然になるように，それぞれ5語以上の英語を書きなさい。ただし，同じ内容の文は入れないこととします。

Emma : Hi, Kyoko. You look so happy. Did something good happen?

Kyoko : Look! This camera is a present from my father.

        ①私はずっとそれが欲しかったの。

Emma : Oh! I didn't know that you liked taking pictures.

Kyoko : After I *entered junior high school, I took many pictures.

Emma :   ②あなたの写真を見てもいい？

Kyoko : Of course. I'll show you my favorite picture. I like taking pictures of animals because   ③   .

Emma : Oh, your picture is very good. But I like pictures of *scenes better because   ④   . Have you ever taken pictures of scenes?

Kyoko : Of course, I have taken them *a lot. I like this picture of Mt. Fuji.

*enter(ed)：入る

*scene(s)：風景

*a lot：大いに

---

7 ALT のグリーン（Green）先生が，A 市（A City）の商店街（the shopping district）に捨てられたゴミ（trash）の種類に関するグラフ（graph）を配りました。グラフを見て，グリーン先生の質問に対する答えを英語で書きなさい。

〈グラフ〉

商店街にはどんな種類のゴミが捨てられているの？

5.0%
1.5%
8.5%
19.0%
20.5%
45.5%

■ ペットボトル (PET bottles)
⊞ 缶類 (cans)
■ 紙類 (paper)
⊞ プラスチック (plastic)
□ ガラス瓶 (glass bottles)
■ その他 (others)

This graph shows "What kinds of trash *are thrown away in the shopping district?"

*are thrown away：捨てられる

〈グリーン先生の質問〉

(1) What can you see from this graph? Please write two things from it.

(2) What should you do to clean A City's shopping district? Please write your own idea.

〈実験2〉

　酸化銅を得るために，A～Eの班ごとに銅の粉末をはかりとり，それぞれを**図2**のように ④ステンレス皿全体にうすく広げてガスバーナーで加熱した。その後，よく冷やしてから加熱後の物質の質量を測定した。**表2**は，班ごとの結果をまとめたものである。

図2　ステンレス皿
ガスバーナー

表2

班	A	B	C	D	E
銅の粉末の質量〔g〕	1.40	0.80	0.40	1.20	1.00
加熱後の物質の質量〔g〕	1.75	1.00	0.50	1.35	1.25

(5)　下線部④で，このような操作をするのはなぜか，書きなさい。

(6)　**表2**において，銅の粉末が十分に酸化されなかったのはどの班か，**A～E**から1つ選び，記号を書きなさい。

(7)　**表2**の結果をもとに，銅の粉末の質量と反応後の酸化銅の質量の関係を示すグラフをかきなさい。ただし，(6)の銅の粉末が十分に酸化されなかった班の結果は用いないこと。

(8)　**F**班は銅の粉末の質量を1.80gにして実験を行った。銅の粉末が十分に酸化されたとすると，加熱後の物質の質量は何gになるか，求めなさい。

4 以下の会話文は，モーターに興味をもった英太さんと先生の会話である。あとの問いに答えなさい。

英太：モーターはどのように動いているのか，その中のようすや回転するしくみについて詳しく知りたい
　　　です。

先生：モーターは，その中に磁石とコイルが入っています。そして，電流と磁石のはたらきを利用して，
　　　そのコイルを動かすことができます。電圧計，抵抗器X，抵抗器Xの2倍の抵抗の大きさの抵抗器
　　　Y，直流電源装置を準備し，回路をつくって，コイルが動くようすを実験により確かめてみましょ
　　　う。そうすることで，モーターが回転するようすやしくみを理解することにつながります。実験を
　　　する際，電源装置の扱いに十分注意して，コイルの動きを調べましょう。

英太：①電源装置の電源を入れたままにしておくと危ないので，こまめに電源を切り，観察をするときだ
　　　け電流を流すようにします。

先生：さすが英太さん，その通りです。

〈実験〉

　抵抗器X，Yのそれぞれについて，図1の
ように回路をつくり，直流電源装置により電
圧を変化させて，コイルに電流を流し，コイ
ルの動きを調べ，その結果を表にまとめた。

図1

表

コイルの動いた向き	図1のⒶの方向へ動いた。
コイルの動き方	電圧が大きいほど大きく動いた。
	電圧が同じとき，抵抗器Xのほうが，抵抗器Yよりも大きく動いた。

(1) 下線部①で，英太さんが危ないと言っている理由を書きなさい。

(2) 〈実験〉で，回路を流れる電流の大きさは，電圧の大きさに比例する。この関係を何というか，書きなさ
　　い。

(3) 抵抗器Xだけをつないだとき，電流計が500mA，電圧計が3Vを示していた。抵抗器Xの抵抗は何Ωか，
　　求めなさい。ただし，コイルの抵抗は考えないものとする。

(4) 抵抗器X，Yを用いて，図1のPQ間が右の
　　Ａ～Ｄのつなぎ方になる回路を作った。それぞ
　　れの回路に電流を流すとき，コイルの動きが大き
　　い方から順に並べたものとして適するものを次の
　　ア～エから1つ選び，記号を書きなさい。

ア　Ａ→Ｂ→Ｃ→Ｄ　　　イ　Ｄ→Ｃ→Ｂ→Ａ
ウ　Ｄ→Ｂ→Ｃ→Ａ　　　エ　Ｃ→Ｄ→Ａ→Ｂ

教英出版

以下の会話文は，〈実験〉が終わったあとの英太さんと先生の会話である。

英太：実際にモーターの内部はどのようになっているのですか。

先生：図を使って説明しましょう。モーターを分解すると，内部は**図2**の
　　　ようになっています。これを模式的に示すと**図3**のようになります。
　　　このコイルに流れる電流と磁石のはたらきについて考えてみましょ
　　　う。**図4**のように電流を流したとします。この場合，磁界の向きと
　　　コイルが受ける力の向きはどうなると思いますか。

英太：〈実験〉の結果を参考に**図4**にかき加えてみます。コイルが力を
　　　②
　　　受けて回転することが理解できました。

先生：正しく理解できていますね。では次に，コイルの回転を速くするに
　　　はどうしますか。

英太：｜　　　③　　　｜，コイルが速く回転すると思います。

先生：よくわかりましたね。最後に，整流子はどのようなはたらきをして
　　　いるでしょうか。

英太：整流子には，**図5**のように電気を流さない部分がありますよね。

先生：そうですね。コイルが**図4**の状態では，a→b→c→dの向きに電
　　　流が流れていますが，90°回転し**図5**の状態になると，コイルに電
　　　流が流れず力を受けなくなります。しかし，コイルは勢いで回転し，
　　　図6のようになります。このとき，電流の流れはどうなっていると
　　　思いますか。

英太：電流の流れる向きを考えると，整流子のはたらきも理解できますね。
　　　整流子は，コイルが180°回転するごとに，｜　　　④　　　｜はた
　　　らきをしているのだと思います。**図4**と**図6**を見比べて考えると
　　　わかりやすいです。

先生：そのとおりです。英太さんはコイルが同じ向きに回転し続ける仕組
　　　みがわかっていますね。

図2

図3

図4

図5

図6

(5) コイルに流れる電流について，電流がつくる
　　磁界を模式的に示した図として適するものを右
　　の**ア〜エ**から1つ選び，記号を書きなさい。

(6) 下線部②で，英太さんがかき加えた磁界の向
　　きとコイルが受ける力の向きを示した図として
　　適するものを右の**ア〜エ**から1つ選び，記号を
　　書きなさい。

(7) ｜　　　③　　　｜に入る英太さんの説明を書きなさい。

(8) ｜　　　④　　　｜に入る英太さんの説明を，「コイル」と「電流」という言葉を使って書きなさい。

次のページにも問題があります

5 教子さんはある日の12時に気象観測を行い、レポートにまとめた。あとの問いに答えなさい。

〈レポート〉

空全体の雲のようすをスケッチしたところ、**図1**のように空全体の約半分が雲におおわれていた。なお、このとき雨は降っていなかった。また、風向計は北西の方角を指し、風力は3であった。乾球温度計と湿球温度計は**図2**のような示度を示し、**表1**、**表2**の資料を用いて、湿度や空気1 m³中に含まれる水蒸気量を求めることができる。

図1

青空
雲

図2

乾球温度計〔℃〕　湿球温度計〔℃〕

表1

		乾球と湿球の示度の差〔℃〕					
		5.5	6.0	6.5	7.0	7.5	8.0
乾球の示度〔℃〕	23	55	52	48	45	41	38
	22	54	50	47	43	39	36
	21	53	49	45	41	38	34
	20	52	48	44	40	36	32
	19	50	46	42	38	34	30
	18	49	44	40	36	32	28
	17	47	43	38	34	30	26
	16	45	41	36	32	28	23

表2

気温〔℃〕	16	17	18	19	20	21	22	23
飽和水蒸気量〔g/m³〕	13.6	14.5	15.4	16.3	17.3	18.3	19.4	20.6

(1) 12時の天気を表す天気図記号をかきなさい。

(2) **図2**で、湿球温度計の示度が乾球温度計の示度よりも低いのはなぜか、書きなさい。

(3) 12時の湿度は何%か、求めなさい。

(4) 12時の空気1 m³中に含まれている水蒸気量は何gか、求めなさい。

気象観測を行った12時以降に、観測地点付近に低気圧が近づき、空全体が雲でおおわれた。低気圧の中心部では、空気は地上から上空に向かって移動するため、雲が発生することが多い。

(5) 空気のかたまりが上昇すると、気温が下がるのはなぜか、「気圧」という言葉を使って書きなさい。

(6) 空気のかたまりが上昇し、水蒸気が水滴に変化し始めるときの温度を何というか、書きなさい。

(7) 日本付近の低気圧の中心付近における地表での風の向きとして適するものを次の**ア〜エ**から1つ選び、記号を書きなさい。ただし、地形の影響は考えないものとする。

ア　　　　　イ　　　　　ウ　　　　　エ
等圧線
風の向き

K 教英出版

〈証明〉

答　D（　，　）

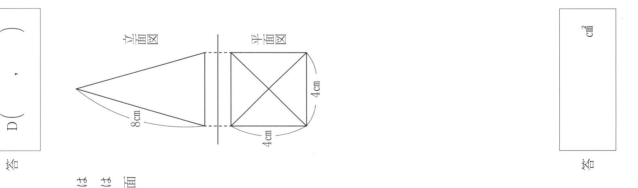

立面図

平面図

8cm

4cm

4cm

12 右の図は，ある立体の投影図で，立面図は
8cmの辺が2本ある二等辺三角形，平面図は
1辺が4cmの正方形である。この立体の表面
積を求めなさい。（3点）

求め方

答　　　　　　　　cm²

2点，1点の3種類あり，右図のアのラインの外側からシュートしてゴールに入ると3点，アのラインより上または内側からシュートしてゴールに入ると2点，相手が反則したことにより，イのラインからフリースローをしてゴールに入ると1点が入る。教英中学校のバスケットボール部が試合を行い，69対63で勝利した。3点が入った回数は，教英中学校が8回，相手チームがそれぞれ1回多く，2点が入った回数は，相手チームが教英中学校の $\frac{5}{6}$ 倍，1点が入った回数は，相手チームが教英中学校の $\frac{2}{3}$ 倍であった。教英中学校の2点が入った回数を x 回，1点が入った回数を y 回として連立方程式をつくり，教英中学校の2点，1点が入った回数をそれぞれ求めなさい。(4点)

ゴール

解き方 →

連立方程式 {

答　2点　　　回　　1点　　　回

(2) 英子さんは折り返す前に，数子さんとすれ違った。2人がすれ違ったのは，数子さんがスタートしてから何秒後か求めなさい。(3点)

答　秒速　　　m

求め方 →

答　秒速　　　m　　　　秒後

注意：裏面にも問題があります

K 教英出版

(2) 上の表や図から読み取れるものとして正しいものを、次の**ア〜エ**から
すべて選び、記号を書きなさい。

ア A市とC市は範囲は同じだが、四分位範囲はA市の方が大きい。

イ A市は中央値が最も大きいから、平均値も最も大きい。

ウ 2014年から2021年の8年間のうち、A市、B市、C市とも6月
に10日以上雨が降った年が4以上ある。

エ B市は9日だけ雨が降った年がある。

答 ☐

---

7 袋の中に、赤玉が2個、白玉が2個、青玉が1個入っている。この袋の
中から同時に玉を2個取り出す。このとき、少なくとも1個は赤玉が取り
出される確率を求めなさい。ただし、どの玉を取り出すことも同様に確か
らしいものとする。（3点）

求め方 →

答 ☐

計 算 →

答 ☐

---

3 次の方程式を解きなさい。（2点）

$$0.8x + 4 = 0.5x - 2$$

解き方 →

答 $x =$ ☐

---

4 $x = \dfrac{3}{4}$ のとき、次の式の値を求めなさい。（2点）

$$(x-1)(x+9) - (x-2)^2$$

求め方 →

答 ☐

(3) **資料4**は，国内の主な発電方式別発電電力量の上位5道県を示したものである。また，**資料4**のO〜Rは，それぞれ水力発電・火力発電・地熱発電・太陽光発電のいずれかの発電方式である。水力発電と火力発電の組み合わせとして最も適切なものを，次の**ア〜エ**から1つ選び，記号を書きなさい。

資料4

順位	O	P	Q	R
1	富山県	福島県	**C**県	大分県
2	岐阜県	**B**県	**D**県	秋田県
3	長野県	岡山県	愛知県	鹿児島県
4	新潟県	北海道	福島県	岩手県
5	福島県	三重県	兵庫県	北海道

ア　水力発電－O　火力発電－Q　　**イ**　水力発電－O　火力発電－R
ウ　水力発電－P　火力発電－Q　　**エ**　水力発電－P　火力発電－R

(4) **資料5**は，ある路線の東京都内における主な駅周辺の住宅地1㎡あたりの土地価格を示したものである。また，**地図2**は，東京駅と**資料5**の5つの駅の位置を表したものである。**資料5**と**地図2**から読み取れる東京都内の土地価格の傾向を「東京都内の土地の価格は，」の書き出しに続けて，「東京駅」という語句を使って書きなさい。

資料5　ある路線の東京都内における主な駅周辺の住宅地1㎡あたりの土地価格　（2020年）

地図2

(5) 次の文は，**地図1**中の都市**s**について述べたものである。（　**あ**　）と（　**い**　）にあてはまる語句の組み合わせとして最も適切なものを，あとの**ア〜エ**から1つ選び，記号を書きなさい。

> 関東地方に5つある（　**あ**　）の中で最も人口が多い都市**s**は，江戸時代の終わりに港が開かれて以来，国際色豊かな都市として発展してきた。近年は，再開発によって臨海部の（　**い**　）に商業施設や国際会議場などがつくられ，多くの人が訪れている。

ア　あ　政令指定都市　い　幕張新都心　　**イ**　あ　政令指定都市　い　みなとみらい21
ウ　あ　県庁所在地　　い　幕張新都心　　**エ**　あ　県庁所在地　　い　みなとみらい21

(6) **地図1**中の成田国際空港について，問いに答えなさい。

① **資料6**は，成田国際空港における輸出額，輸入額上位5品目を示している。（　**う**　）にあてはまるものを，次の**ア〜エ**から1つ選び，記号を書きなさい。

ア　IC（集積回路）　　**イ**　液化ガス
ウ　衣類　　　　　　　**エ**　肉類

資料6　成田国際空港における輸出額・輸入額上位5品目　（2020年）

順位	輸出品	輸出額（百億円）	順位	輸入品	輸入額（百億円）
1	半導体等製造装置	84.9	1	通信機	179.9
2	金（非貨幣用）	76.9	2	医薬品	172.6
3	科学光学機器	55.6	3	コンピュータ	126.0
4	電気計測機器	39.1	4	（　**う**　）	102.0
5	（　**う**　）	38.5	5	科学光学機器	80.7

② 教子さんは，スペインで行われるサッカーの試合を見に行くことになった。サッカーの試合は，スペインの時間で12月1日午後7時に始まる。スペインのマドリードの空港からスタジアムまで2時間かかり，成田国際空港からマドリードまでの飛行時間は14時間であるとき，成田国際空港を日本時間の何月何日の午前または午後何時までに出発する飛行機に乗れば，試合を最初から見ることができるか。ただし，スペインの標準時子午線は東経15度の経線とし，乗り換え時や入場時にかかる時間は考えないものとする。

— 4 —

3 英太さんは，興味をもった貨幣を時代区分ごとに取り上げ，社会や文化の移り変わりについてまとめた。

カードA 古代 律令国家が発行した和同開珎

和同開珎は，中国の唐にならって，a律令国家が発行した貨幣である。都としてつくられたb平城京には市が設けられ，地方の特産物などが売買された。奈良時代には，唐の制度や文化を取り入れようと，日本はたびたび中国にc遣唐使を送り，仏教と唐の文化の影響を強く受けたd国際色豊かな文化が栄えた。

カードB 中世 明から輸入された明銭（永楽通宝）

明銭は，南北朝を統一した足利義満が始めた日明貿易（勘合貿易）で大量に輸入された貨幣である。明銭は，定期市での取引に使用されることが多くなり，e日本の商業の発展に影響を与えた。f応仁の乱の後に各地に登場した戦国大名は，鉱山の開発を進め，やがて金貨や銀貨をつくるようになった。

カードC 近世 江戸時代に流通した寛永通宝

寛永通宝は，江戸幕府が各地に設けた銭座で大量につくらせた貨幣である。江戸，g大阪，京都などの都市では，問屋や仲買などの大商人が，h株仲間をつくり，□□□て利益を上げていった。19世紀中ごろにi開国し，j外国との自由な貿易が始まると，日本の経済や産業は，海外から大きな影響を受けた。

カードD 近代 明治政府が発行した20円金貨

20円金貨は，1871年から政府が発行した貨幣である。政府は，k近代化を目指す政策を進め，その土台となる欧米の文化を取り入れた。l日露戦争後，日本は関税自主権を回復し，第一次世界大戦にも連合国側で参戦するなど，列強としてのm国際的な地位を固めていった。

---

(1) **カードA**について，問いに答えなさい。

① 下線部**a**について，律令の律と令の意味をそれぞれ書きなさい。

② 下線部**b**に都が置かれていた期間の出来事として最も適切なものを，次の**ア～エ**から1つ選び，記号を書きなさい。

ア 聖徳太子が，仏教や儒教の考え方を取り入れた十七条の憲法を制定し，役人の心構えを示した。

イ 聖武天皇と光明皇后が，仏教の力に頼って国家を守ろうと，全国に国分寺・国分尼寺を建てた。

ウ 中大兄皇子が，中臣鎌足などとともに蘇我蝦夷・入鹿の親子を倒し，天皇中心の国づくりを始めた。

エ 藤原道長が，四人の娘を天皇のきさきにすることで権力をにぎった。

③ 下線部**c**とともに唐に渡り，天台宗を伝え延暦寺を建てた僧の名前を書きなさい。また，延暦寺が建てられた山の位置として正しいものを，**地図**中の**ア～エ**から1つ選び，記号を書きなさい。

④ 下線部**d**の文化の名称を書きなさい。

地図

---

(2) **カードB**について，問いに答えなさい。

① 英太さんは，下線部 **e** について次のようにまとめた。**英太さんのまとめ1**の（　あ　），（　い　）にあてはまる語句の組み合わせとして正しいものを，あとの**ア～エ**から1つ選び，記号を書きなさい。

英太さんのまとめ1

> 土倉や酒屋，商人や手工業者などは，同業者ごとに（　あ　）と呼ばれる団体をつくり，武士や貴族，寺社に税を納めて保護を受け，営業を独占する権利を与えられた。また，商業の発展に伴い都市が発達し，九州の（　い　）は，日明貿易や日朝貿易で栄え，自治が行われた。

ア あ－座　い－堺　　**イ** あ－惣　い－堺　　**ウ** あ－座　い－博多　　**エ** あ－惣　い－博多

② 下線部 **f** が起きた年代よりあとの出来事を，次の**ア～エ**から3つ選んで年代の古い順に並べ替え，記号を書きなさい。

ア ルターがドイツでローマ教皇による贖宥状（しょくゆうじょう）販売を批判し，宗教改革を始めた。

イ ローマ教皇が，聖地エルサレムをイスラム勢力から奪回するよう呼びかけ，第一回十字軍が派遣された。

ウ 朝鮮から陶磁器づくりの技術が伝えられ，有田（佐賀県）などで優れた磁器がつくられはじめた。

エ ザビエルが，鹿児島に来航し，平戸・山口などで布教を始めた。

③ 下線部 **f** をきっかけとして全国に広まった下剋上の風潮とはどのようなものか，書きなさい。

(3) **カードC**について，問いに答えなさい。

① 下線部 **g** について，次の文で説明された文化の名称を書きなさい。

> 大阪や京都を中心とする上方では，都市の繁栄を背景に，経済力をもった町人を担い手とする文化が栄えた。井原西鶴は武士や町人の生活をもとに浮世草子をかき，近松門左衛門は，心中など現実に起きた事件をもとに人形浄瑠璃の台本をかき，庶民の共感を呼んだ。

② 大商人は，下線部 **h** を組織することでどのようにして利益を上げたか。**カードC**の ▭ にあてはまる内容を，「幕府や藩」と「特権」という語句を使って書きなさい。

③ 下線部 **i** について，**資料1**は朝廷の許可を得ずにアメリカと条約を結んだ大老が，江戸城の桜田門外で水戸藩の元藩士らに暗殺された事件を表したものである。朝廷の許可を得ずにアメリカと結んだ条約名と，条約を結んだ大老の名前をそれぞれ書きなさい。

④ 下線部 **j** について，**資料2**は開国後の貿易相手国と貿易額の割合を示したものである。**X**にあてはまる国名を書きなさい。また，1860年から1865年にかけて，アメリカの貿易額の割合が大幅に減少している理由を，**資料3**を参考にして書きなさい。

資料2 開国後の貿易相手国と貿易額の割合

資料3 ゲティスバーグで演説するリンカン大統領

K 教英出版

(4) **カードD**について，問いに答えなさい。

① 英太さんは，下線部**k**について次のようにまとめた。あとの問いに答えなさい。

英太さんのまとめ2

> 政府は，1872年に（　**あ**　）を公布し，満6歳以上の子どもに教育を
> 受けさせることを義務とし，全国各地に小学校を設立した。また，政府は，
> 1873年から地租改正を実施した。これまで収穫高を基準にして税をかけ，主
> に農民が米で税を納めていたが，この改革により，**資料4**のような地券を発
> 行し，（　**い**　）こととした。

資料4 地券

i **英太さんのまとめ2**の（　**あ**　）にあてはまる語句を書きなさい。

ii **英太さんのまとめ2**の（　**い**　）に，地租改正によって税のかけ方と納め方がどのように変わったか
をあてはめたい。（　**い**　）にあてはまる内容を「基準にして」と「土地の所有者」という2つの語句を
使って書きなさい。

iii **英太さんのまとめ2**の地租改正の
目的を，**資料5**，**資料6**を参考にし
て書きなさい。

資料5　幕領の年貢収納高

資料6　明治政府の地租収入

② 下線部**l**について，**年表**中の**X**の期間に起きた次の**ア〜ウ**の出来事
を，年代の古い順に並べ替え，記号を書きなさい。

ア 日本が列強の一員として義和団を制圧した。

イ 日本とイギリスが日英同盟を結んだ。

ウ 日本がリヤオトン半島を清に返還した。

③ **年表**中の（　**Y**　）にあてはまる出来事を，次の**ア〜エ**から1つ選び，
記号を書きなさい。

ア 柳条湖事件　　イ 米騒動

ウ 五・一五事件　　エ 日比谷焼き打ち事件

年表

	出来事
19世紀	日清戦争が始まる 下関条約を結ぶ ↕ **X**
20世紀	日露戦争が始まる ポーツマス条約を結ぶ （　**Y**　）が起こる 日本が韓国を併合する

④ 下線部**m**について，問いに答えなさい。

i **資料7**は，日本，アメリカ，イギリス，ドイツの
国際連盟への加盟状況を示したものである。ドイツ
にあたるものを，**資料7**の**ア〜エ**から1つ選び，記
号を書きなさい。

ii 国際連盟に代わって，第二次世界大戦後に国際連
合が設立された。日本はある国との外交が進展した
ことで国際連合への加盟が実現したが，その出来事
を次の**ア〜エ**から1つ選び，記号を書きなさい。

ア アメリカと日米安全保障条約を結んだ。

イ 中国との国交が正常化した。

ウ ソ連との国交が回復した。

エ 韓国との国交が正常化した。

資料7　日本，アメリカ，イギリス，ドイツの国際連盟加盟状況

三 次の文章を読んで、あとの問いに答えなさい。

雨宮は、プロ野球が行われる球場の整備を請け負う会社に就職した。次の文章は、雨宮が、会社の先輩で強豪校の元球児である長谷から言われた言葉が頭から離れないまま、試合前のグラウンドの整備を始めた場面である。

「プレーヤーの気持ちは、プレーヤーにしかわからへん」

重い言葉だった。ハンドルを操作する手に力がこもる。グラウンドキーパーは、ほぼ全員が野球経験者だ。だからこそ、選手の視点に立った整備ができる。マウンドや内野グラウンドの硬さは、野球のプレーのしやすさに直結する重大な要素だ。選手の気持ちがわかれば、グラウンドキーパーにとってそれがいちばんの武器になる。しかし、俺はキャッチボールすらまともにできない。満足にスポーツのできない、運動神経ゼロ人間が、整備のプロになることなど到底かなわないのかもしれない。

エンジン音にまぎれさせるように、大きなため息をついた。目の前に、ま①るでヒッチハイクのように、日に焼けた黒い腕が差し出されたのは、そのときだった。

「とめろ！」島さんが、怒鳴り声をあげていた。*1

何が起こったのかわからないまま、あわててブレーキを踏んだ。

「エンジンを切って、降りろ」

「でも……」

「はよ、降りてくれ」

「ちゃんと、できます！」

「集中できてへんのは、あきらかや」

〈中略〉

うちひしがれ、*2ローラーから降りた。「ベンチの前で見てろ」と言われ、すごすごと引っこむ。かわりにローラーに乗った島さんは、器用に車両をバックさせながら、俺が踏み残した箇所を的確に均していく。失敗したなら、また一からやり直せばいいという、簡単な話ではない。ローラーが何度そこを通ったかで、グラウンドの硬さは刻々とかわってしまう。結果、ゴロの跳ね方*3も、スピードも大きくかわる。

③新人であり、なおかつ野球のノック*4すらまともに受けたことのない俺は、その変化すら感知することができないのだ。ベンチ前で、出来の悪い生徒のように一人立たされた俺に、ローラーを終えた島さんがゆっくりと近づいてきた。

そこまで身長は高くないのに、その立ち居振る舞いには威厳が感じられる。胸板が厚いからかもしれない。プロ野球選手とはまた違う筋肉のつきかただ。

「雨宮、お前をここに立たせたのは、④考えてもらうためや」

眼光がものすごい。すぐ目の前に立たれると、一歩後ろに退きたくなる。そこに⑤踏んでる箇所と、踏んでない箇所ができたら、どないなる？ もし、そこにボールが弾んだら？」

俺はその場にかろうじて踏ん張って答えた。

「イレギュラー*5を起こす可能性が高まります」

「もし、その上を選手が走ったら？」

「スパイク*6の刃のかかり具合が違って……、転倒するかもしれません」

「万が一、怪我する選手がおったら、どないなる？」

「……取り返しがつきません」

一問一答がつづいた。島さんは俺の回答をすべて聞き終えてから、何度かうなずいた。それを見て、俺もつめていた息を吐き出した。

「俺たちは会社員やから、よっぽどのことがないかぎりクビにはならへん。でも、プロの選手はちゃうよな？ 一つの怪我が命とりや。それで選手生命絶たれたら、球団から簡単にクビ切られんねん。人生、かかってんねん」

ゴールデンウィークのこどもの日、俺にやさしく話しかけてくれた、ベテラン選手の顔が自然と思い浮かんだ。約二十年間、第一線でプレーをつづけるには、そうとうの苦労があったはずだ。その戦いの場を、俺たちは管理しているのだ。生半可な覚悟じゃつとまらない。

「お前は、今、一人の社会人としてここに立っとる。その行動一つ一つに責任⑥が生じる」

プレーヤーの気持ちは、プレーヤーにしかわからない。その言葉が、さらに重みを増して俺の肩にのしかかる。⑦やめるなら、今かもしれない……。

立ち去りかけた島さんに思いきって声をかけた。

「あの……！」島さんの答えによっては、早く退職届を出したほうが自分のた

— 3 —

教英出版

間のコミュニケーションツールというきわめて限定的なものではなく、現実に
は眼にもしていなければ経験もしていないような遠い場所での出来事や事物、
あるいはその瞬間には存在していない過去や未来の出来事や事物までも自らの
経験範囲の中に収めてしまうという、⑤まったく質的に異なったものなのであ
る。

そしてそれは現実的な存在事物のみを語るだけではなく、抽象的な概念をも
語るものとなった。つまり人間は言葉によって自らの経験世界を飛躍的に拡大
させ、さらにそれらを記録・蓄積することによってあまりにも広大な精神世界
を手に入れたのである。

（三好由紀彦『哲学のメガネ─哲学の眼で〈世界〉を見るための7つの授業』
河出書房新社より）

*1 卑近…身近でありふれていること。

*2 クロゼット…衣類などを入れるための押し入れ。

問一　[　]にあてはまる言葉として適切なものを次のア〜エから一つ選
び、記号を書きなさい。

ア　つまり　　イ　たとえば　　ウ　しかし　　エ　なぜなら

問二　──a〜dのうち、活用の種類の異なるものを一つ選び、記号を書きな
さい。

問三　①「言葉らしきもの」とは具体的に何か、文章中から三つ抜き出して書き
なさい。

問四　②「コミュニケーション」とあるが、同じ意味の語句を文章中から四字で
抜き出して書きなさい。

──2──

問五　③「単純なコミュニケーションの手段」の具体例を、文章中から五字で抜
き出して書きなさい。

問六　④「目の前に『ないもの』をも指示できる」について答えなさい。

（1）そのために必要なのは、「もの」に何をすることか。文章中から七
字で抜き出して書きなさい。

（2）そのようなことができたり、指示されたものにまつわることが想起
できたりするのは、何のおかげだと筆者は述べているか、文章中から
十二字で抜き出して書きなさい。

問七　⑤「まったく質的に異なったもの」とあるが、人間の持つ言葉は、どのよ
うな点でそういえるのか、「時間」と「空間」の二語を使って書きなさい。

問八　文章中の「コート」のたとえによって筆者が説明していることと同様の
例として適切なものを次のア〜エから一つ選び、記号を書きなさい。

ア　優勝するという意気込みで臨んだ大会だったが、昨日のけがの影響か
ら力を出し切れず、敗退して涙を流す。

イ　ピアノが上手だった海外に住むいとこが、将来、有名なピアニストに
なって活躍する姿が思い浮かんでくる。

ウ　空を見上げると、朝の天気予報の通り、午後から雲行きが急に怪しく
なってきたので、速やかに窓を閉める。

エ　大切にしていたノートがなくなっていることに気づき、慌てて探した
が、学校に置き忘れたことを思い出す。

一　次の――線の漢字には読み仮名をつけ、平仮名は漢字に直しなさい。

① 文章の体裁を整える。
② 絵の具で濃淡をつける。
③ 家業を継ぐ。
④ 遠くを眺める。

⑤ 台風のよはで海が荒れる。
⑥ ゲームにむちゅうになる。
⑦ プレゼントをもらってよろこぶ。
⑧ いさぎよい態度をとる。

二　次の文章を読んで、あとの問いに答えなさい。

　われわれの知的探求を支えるものは何か。それは言葉である。そして言葉こそ、人間が他の生物に勝る最も重要な要素である。

　たしかに人類と他の生物の違いとして、道具や火を使うことを挙げるものもいる。[　　]道具に関していえば、猿やチンパンジーなども木の枝や石を道具として使うことがあり、また火も、それによって食物を加工したり暖を a とったりするものという意味では、道具の一つと考えることができるはずである。

　しかし言葉はそれら道具や火とは大きく異なるのだ。たしかに他の生物も ① 言葉らしきものは d 持っている。すなわち鳴き声や身振りなどによって、個体間のコミュニケーションをとる有様はよく観察されているし、イルカやクジラなどは水中での発生音によってかなり高度なコミュニケーション能力を持つことが認められている。そして人間の言葉もその初期段階においては叫びや合図といった、他の生物とあまり変わらぬ ③ 単純なコミュニケーションの手段であった。しかし人類が手にした言葉は、そのような目前のコミュニケーション手段にとどまらず、さらに加速度的に発展を遂げてまったく質的に異なるものとなったのである。

　他の生物の言葉とはその大部分が目前で起きている事柄、経験、あるいは意

　思の伝達である。それは生物にとってその瞬間に起きている身体的経験にほぼ近いものにすぎない。それはいまこの瞬間の、あるいはこれから起こりうるであろうことの表現であり、意思疎通である。他の生物の持つ言葉とは、あまりにも*1卑近かつ現実的なものである。

　しかし人間の持つ言葉がそれら生物の言葉と大きく異なるのは、その言葉が取り扱う時間的、空間的範囲があまりにも広大であることだ。それが「精神」と呼ばれるものである。

　人間は世界の物や現象、出来事などに名を付けることによって、それが実際に目の前になくとも、あたかも身近にあるかのように扱うことができるのである。

　たとえば「コート」という言葉がある。私はこの言葉によって目の前にあるコートを指し示すことができる。しかし言葉の本当の価値は、目の前にあるものを指示することではなくて、④ 目の前に「ないもの」をも指示できるということにある。

　もしこのコートが目の前になくてクロゼットの中にあったとしても、私はその*2クロゼットの中にあるコートを思い浮かべることができるのだ。私はそのクロゼットの中にあるコートを見ることも触れることもできないのだが、しかし私は誰か人を呼んで、そのコートをクロゼットから出してもらうこともできるのである。また私はそのコートを買ったときのいきさつ、何年前にどこの店で買ったか、そのとき誰と一緒だったのかを思い出すこともできる。さらに私がいつか歳をとってこのコートを着なくなったとき、誰に譲り渡そうかと「いま」考えることもできるのである。

　クロゼットの中にある見えないコート一つとっても、それを指示したり、またそのコートにまつわる過去や未来のことまで想起したりすることができるのも、すべて言葉によって生まれた精神のおかげなのである

　このように人間が手にした言葉とは、目の前の出来事に対応するための個体

— 1 —

合格判定テスト
実力診断
─国語─
その2

注　意

1. 問題は 6 ページあります。どの問題から始めてもかまいません。

2. 制限時間50分，50点満点のテストです。

3. 答えは，**別紙の解答用紙**に，はっきりとていねいに書きなさい。
   解答に字数制限がある場合は，句読点も 1 字として数えること。

音声の聴き方

※実際の画面とは異なる場合があります。

STEP1

教英出版ウェブサイト（https://kyoei-syuppan.net/）にアクセスし、「ご購入者様のページ」を押してください。

QRコードを読み取ると
STEP2へ進みます。

STEP2

書籍ID番号を入力するページに移動します。下記の書籍ID番号を入力し、◎を押してください。

書籍ID番号	168001

※有効期限：2025年9月末

STEP3

リスニング問題の音声を聴くことができるページに移動します。▶を押すと、音声が再生されます。
また、上部にあるボタンを押すと、音声以外のサービスもご利用いただけます。

新潟県公立高校　判定基準一覧表

☆ 250 点満点

あなたの点数		国　語	社　会	数　学	理　科	英　語	合　計
	その 1	点	点	点	点	点	点
	その 2	点	点	点	点	点	点

200 点以上 220 点未満…合格圏　　220 点以上…合格安全圏

新発田高校 (理数)	新潟高校	新潟南高校
長岡高校	高田高校	

< 220 点以上をとれるようにしよう>　　　各教科の目標点数は 220 ÷ 5 ＝ 44 点！

170 点以上 200 点未満…合格圏　　200 点以上…合格安全圏

新発田高校 (普通)	新潟中央高校 (学究コース)	新潟江南高校
巻高校	新津高校	三条高校
長岡大手高校 (普通)	柏崎高校	国際情報高校
高田北城高校 (普通)	新潟市立万代高校 (英語理数)	

< 200 点以上をとれるようにしよう>　　　各教科の目標点数は 200 ÷ 5 ＝ 40 点！

140 点以上 170 点未満…合格圏　　170 点以上…合格安全圏

新発田南高校 (普通)	新潟中央高校 (普通，食物)	新潟商業高校
三条東高校	長岡向陵高校	六日町高校
高田北城高校 (生活文化)	佐渡高校	新潟市立万代高校 (普通)

< 170 点以上をとれるようにしよう>　　　各教科の目標点数は 170 ÷ 5 ＝ 34 点！

【班で考えた発表原稿の案】

私たちは、国語に対する認識について調べてみました。まず、《基本調査》の結果からは、①の「敬語の使い方」と②の「若者言葉」に乱れを感じている人の割合がともに六割を超えていることが分かります。そのうち「敬語の使い方」については、「言い方」に気になる表現を挙げています。この中で私たちが注目したのは、「言い方」の中にある　Ⅰ　の表現のように、尊敬語と謙譲語の使い分けができていないことです。この二つの使い分けを、よく理解していきたいと思いました。

データ1　からは、「十六〜十九歳」と「二十代」の認識には共通点と相違点があるということが分かります。隣接する年齢層ではあるものの、調査対象の全年齢層の中で比較すると、相違点として　Ⅱ　ということが挙げられ、そのことがこのグラフから読み取れる大きな特徴となっています。なぜこのような結果になったのか、大変興味があります。

そして、《基本調査》の⑧の「語句や慣用句・ことわざの使い方」にも注目しました。この項目については、乱れを感じている人の割合はそれほど高くありません。しかし、　データ3　を見ると、慣用句「浮足立つ」については、本来とは異なる意味で認識している人の方が多くなっていました。このことから、私たちは「語句や慣用句・ことわざの使い方」について次のように考えました。

問一　【班で考えた発表原稿の案】の　Ⅰ　にあてはまる内容として最も適切なものを次のア〜カから選び、記号を書きなさい。

　ア　AとB　　イ　AとE　　ウ　BとD　　エ　CとE

　オ　CとD　　カ　DとE

問二　【班で考えた発表原稿の案】の　Ⅱ　にあてはまる内容を、文脈に即して書きなさい。

問三　あなたなら、この英太さんたちの発表原稿を完成させるために、　Ⅱ　にどのように書きますか。次の条件に従って書きなさい。

《条件》

①　一マス目から書き始め、段落を設けないこと。

②　【資料】を踏まえてあなたの考えを書くこと。

③　発表原稿として完成させるために、敬体で書くこと。

④　一〇〇字以上一四〇字以内で書くこと。

四 英太さんは、「国語に対する認識」をテーマとして調べ学習を行い、発表することになりました。複数の資料を参考にして、班の人たちと一緒に発表原稿の案を考えています。次の【資料】と【班で考えた発表原稿の案】を読んで、あとの問いに答えなさい。

《基本調査》国語で乱れを感じているところ（複数回答可）

①	敬語の使い方	63.4
②	若者言葉	61.3
③	新語・流行語の多用	34.3
④	挨拶言葉	32.2
⑤	発音やアクセント	20.8
⑥	外来語・外国語の多用	17.5
⑦	手紙や文章の書き方	16.5
⑧	語句や慣用句・ことわざの使い方	16.1
⑨	その他	1.6
⑩	分からない	0.4

データ1　（①について）気になる表現　　（数字は%）

	言い方 ※下線部が気になる表現	気になる	気にならない	その他
A	規則でそうなってございます。	81.5	15.8	2.7
B	こちらで待たれてください。	81.3	17.2	1.5
C	お歩きやすい靴を御用意ください。	78.0	20.0	2.0
D	お客様が参られています。	77.4	20.7	1.9
E	昼食はもう頂かれましたか。	67.5	29.8	2.7

データ2　（①、②について）乱れていると答えた人の割合（年齢層別）

敬語の使い方
若者言葉

	16〜19歳	20代	30代	40代	50代	60代	70歳以上
敬語の使い方	64.4	64.4	72.0	63.7	66.1	64.2	59.3
若者言葉	84.4	53.3	62.0	62.4	58.9	63.1	55.8

データ3　（⑧について）慣用句「浮足立つ」の意味とは

a　喜びや期待を感じ、落ち着かずそわそわしている。

b　恐れや不安を感じ、落ち着かずそわそわしている。

※bが本来の意味

aだと思う	60.1%
bだと思う	26.1
aとbの両方	9.6
aとbとは全く別の意味	0.4
分からない	3.8

（文化庁　令和元年度「国語に関する世論調査」より作成）

土俵祭の帰り、名古屋城の石垣をバックに赤や緑、橙と色とりどりの力士幟がはためいているのが見えた。その幟に囲まれるようにして、呼出が太鼓を叩くための櫓が組まれている。

去年、篤が初めて呼出として土俵に上がったのも、この名古屋場所だった。研修の期間があったとはいえ、当時は相撲のことは何もわかっていなかった。わかっていなかったけれど、青空に鮮やかな彩りを添える幟や、空に向かってそびえる櫓は粋で気高く、美しかった。

そして今、一年が経って同じ景色を見ている。来年この景色を見るとき、俺はどうなっているのだろう。新しく入ってきた呼出に対して、ちゃんと「兄弟子」らしくいられるだろうか。できる仕事は増えているだろうか。朝霧部屋からは、関取が誕生しているだろうか。

一年後はまだわからないことだらけだ。
⑦それでも、もう不安に思わなかった。

（鈴村ふみ『櫓太鼓がきこえる』集英社より）

*1　土俵築…土俵づくり。　*2　進さん…ベテランの呼出で、篤の指導役。
*3　土俵祭…場所中の安全を祈願する儀式。
*4　触れ太鼓…本場所の前日に、翌日から相撲が始まることを知らせる太鼓。

問一　①「何度か手が止まってしまい、たびたび注意を受けていた」とあるが、篤がそのようになった理由を、文章中の言葉を使って書きなさい。

問二　②「異変」と同じ構成の熟語を次のア～オから一つ選び、記号を書きなさい。
　ア　賛否　イ　日没　ウ　河川　エ　読書　オ　海底

問三　③「仕切り直す」の意味としてふさわしいものを次のア～エから一つ選び、記号を書きなさい。
　ア　自分の非をわびる　　イ　最初からやり直す
　ウ　気分を切りかえる　　エ　間違いを訂正する

問四　④「お前なら、これからもちゃんとやっていける」とあるが、直之さんは篤のどのようなところを認めてこのように断言したのか。文章中の言葉を使って書きなさい。

問五　⑤「直之さんは少しだけ笑ってみせた」とあるが、直之さんの気持ちを説明したものとして最も適切なものを次のア～エから選び、記号を書きなさい。
　ア　感謝の言葉に照れくささを感じつつも、篤を励ますことができてうれしく思っている。
　イ　自分の元から巣立つことに寂しさを感じつつも、篤が兄弟子になることを喜んでいる。
　ウ　仕事の様子に多少の不安を感じつつも、篤に後輩ができることを誇らしく思っている。
　エ　思わず本音を話したことに恥ずかしさを感じつつも、篤の素直な態度に感動している。

問六　⑥「その音」を具体的に説明している部分を、文章中から抜き出して書きなさい。

問七　この文章を、場面の違いによって前半と後半に分けた場合、後半が始まるのはどこからか。後半の場面の初めの五字を抜き出して書きなさい。

問八　一年前の篤の、呼出の仕事に対する前向きな気持ちが反映された情景描写を、文章中から四十字以内で探し、初めと終わりの三字を抜き出して書きなさい。

問九　⑦「それでも、もう不安に思わなかった」とあるが、その理由を書きなさい。

合格判定テスト 実力診断

―社会―

その１

注　意

1．机上に定規を用意しなさい。

2．問題は７ページあります。どの問題から始めてもかまいません。

3．制限時間50分，50点満点のテストです。

4．答えは，**別紙の解答用紙**に，はっきりとていねいに書きなさい。

1 教子さんのクラスでは，地理の授業で「身近なものの原料と海外とのつながり」について調べることになった。教子さんの班は机とイスについて発表するために資料を集めた。

資料1　机とイスの主な原料

木材
鉄鉱石・石炭
原油

資料2　日本の鉄鉱石・石炭の輸入先上位4か国の輸入量とその割合

鉄鉱石			石炭		
国名	輸入量（万t）	割合（%）	国名	輸入量（万t）	割合（%）
オーストラリア	6851	57.3	オーストラリア	10929	58.7
ブラジル	3144	26.3	インドネシア	P	15.1
Q	741	6.2	ロシア	2011	10.8
南アフリカ共和国	347	2.9	アメリカ	1322	7.1
合計	11956	100	合計	18618	100

(1)　教子さんは，資料1の机とイスの主な原料のうち，まず，鉄鉱石と石炭について調べ，資料2を作成し，資料2をもとにして，地図1を作成した。

①　オーストラリアに住む先住民の名称を書きなさい。

②　資料2のPにあてはまる数を，小数第1位を四捨五入して，整数で求めなさい。

③　資料2のQにあてはまる国を，地図1を参考にして書きなさい。

地図1

0°　90°　180°　90°

赤道

※ ▨：日本の鉄鉱石の輸入先上位4か国
※ ▩：日本の石炭の輸入先上位4か国

④　資料2，地図1から読み取れることとして正しいものを，次のア〜エから1つ選び，記号を書きなさい。

ア　鉄鉱石の輸入先上位4か国は，いずれも大西洋に面している。

イ　石炭の輸入先上位4か国のうち，東経135度の経線が通るのはロシアだけである。

ウ　日本は，すべての大陸から鉄鉱石または石炭を輸入している。

エ　鉄鉱石・石炭のいずれも，輸入量に占める輸入先上位4か国の割合は90%を超えている。

資料3　オーストラリアの鉱山

⑤　資料3のように，鉱産物を地表から直接削り取りながら，うずを巻くようにして，地下に掘り進んで採掘する方法を何というか，書きなさい。

⑥　教子さんは，アメリカへ旅行する計画を立てた。資料4は，東京−ニューヨーク間を往復する航空便のフライト時間を示したものである。

資料4　東京−ニューヨーク間のフライト時間

東京→ニューヨーク	13時間
ニューヨーク→東京	14時間20分

ⅰ　行きと帰りの時間に1時間20分もの差が生じる理由を，風に着目して書きなさい。

ⅱ　羽田空港（東京）を12月1日午後7時に出発した飛行機が，予定通りのフライト時間でジョン・F・ケネディ空港（ニューヨーク）に到着したときの現地時間を求めなさい。ただし，ニューヨークの標準時子午線を西経75度の経線とする。

(2) 次に教子さんは，原油について資料を作成した。

① 地図2中のA～Dは，資料5にある日本の原油の輸入先上位4か国の位置を表したものである。資料5のXにあてはまる国を，地図2中のA～Dから1つ選び，記号を書きなさい。また，国名を書きなさい。

資料5　日本の原油の輸入先

地図2

■ 資料5の原油の輸入先上位4か国

② 教子さんは，日本の原油の輸入先について，資料5をもとにしてまとめた。教子さんのまとめの下線部a～下線部cのうち，誤っているものを1つ選び，記号を書きなさい。また，正しい語句を書きなさい。

教子さんのまとめ

> 日本の原油の輸入先上位4か国は，a西アジア地域に位置しています。これらの国々には，重要なエネルギー源である原油が大量に存在していて，世界の多くの国々がこの地域から生産される原油に頼っています。この地域で生産される原油の量は世界のおよそ3割，埋蔵量は世界のほぼ半分を占めます。bペルシャ湾沿岸の産油国は，原油を輸出することで経済を成長させてきました。1960年には，イラクなどの産油国がcAPECを組織し，世界の原油価格への影響力を強めるようになりました。

(3) 教子さんは，木材について，資料6，資料7を見つけた。資料7のア～オには，5つの気候帯〔熱帯・乾燥帯・温帯・亜寒帯（冷帯）・寒帯〕のいずれかがあてはまる。資料6の4か国に広く分布する気候帯である亜寒帯（冷帯）にあてはまるものを，資料7のア～オから1つ選び，記号を書きなさい。

資料6　日本の木材の輸入先上位4か国

国名	輸入額（億円）	割合（％）
カナダ	858	24.0
アメリカ	625	17.5
ロシア	508	14.2
フィンランド	288	8.1

資料7　5つの気候帯が占める大陸別の面積の割合（％）

気候帯	ア	イ	ウ	エ	オ
陸地全域	26.3	21.3	19.9	17.1	15.4
ユーラシア	26.1	39.2	7.4	9.8	17.5
アフリカ	46.7	0	38.6	0	14.7
北アメリカ	14.4	43.4	5.2	23.5	13.5
南アメリカ	14.0	0	63.4	1.6	21.0
オーストラリア	57.2	0	16.9	0	25.9
南極	0	0	0	100	0

2　英太さんは，日本の国土について調べた。

(1) 地図1は，●で示した熊本からの距離と方位が正しい地図である。●で示した熊本と■で示した各都市との間を結んだ場合，熊本とウラジオストク間よりも距離が長くなる都市を，■で示した都市の中からすべて選び，書きなさい。

地図1　熊本からの距離と方位が正しい地図

(2) 資料1は，日本の領域の南端の島である。我が国は，この島が水没しないように島の周りを消波ブロックやコンクリートで保護し，上部を金網で覆うなどして，島の保全を進めてきた。多額の費用を使ってまで，このような対策をとる理由を，島の名称を明らかにしながら，「排他的経済水域」という語句を使って書きなさい。

資料1

(3) **資料2**は，北海道，青森県，福島県，三重県，長崎県，鹿児島県の6つの道県における海岸線延長とそれぞれの道県が接している府県の数を示したものである。福島県と鹿児島県の正しい組み合わせを，次の**ア〜カ**から1つ選び，記号を書きなさい。

資料2

道県名	a	b	c	d	e	北海道
海岸線延長（km）	167	796	1140	2665	4183	4457
接している府県の数	6	2	6	2	1	0

ア 福島県－**a** 鹿児島県－**b**　　　**イ** 福島県－**a** 鹿児島県－**d**

ウ 福島県－**c** 鹿児島県－**b**　　　**エ** 福島県－**c** 鹿児島県－**d**

オ 福島県－**e** 鹿児島県－**b**　　　**カ** 福島県－**e** 鹿児島県－**d**

(4) 英太さんは，中国四国地方について調べることにし，地図や資料を集めた。**地図2**中の**A**〜**E**は県を表している。

地図2

① **地図2**中の**A**〜**E**県のうち，県庁所在地名と県名が一致しないものをすべて選び，記号と県庁所在地名を，[**県の記号，○○市**]の形で書きなさい。

② **B**県の県庁所在地の中心部は，河口付近に広がった平地に位置している。一般に，河口付近には，川が運んできた細かい土砂が堆積して平地ができやすい。河口付近に川が運んできた細かい土砂が堆積してできた平地は何と呼ばれるか，名称を書きなさい。

③ **資料3**は，**地図2**中の**X**－**Y**間の断面図を模式的に表したものである。瀬戸内地方が1年を通して降水量が少ない理由を，**資料3**を参考にして，**P**山地，**Q**山地の名称を明らかにしながら，書きなさい。

資料3

④ **資料4**は，2020年における，**A**〜**E**県の総人口，65歳以上の人口，総面積，総面積に占める過疎地域の面積の割合を示したものである。**資料4**から読み取れることとして正しいものを，次の**ア〜エ**から1つ選び，記号を書きなさい。

ア 総面積が小さい県ほど，過疎地域の面積の割合が低い。

イ 総人口が少ない県ほど，過疎地域の面積の割合が低い。

ウ 総面積が大きい県ほど，65歳未満の人口が多い。

エ 総人口が多い県ほど，65歳未満の人口が多い。

資料4

	総人口（千人）	65歳以上の人口（千人）	総面積（km²）	過疎地域の面積の割合（％）
A	672	230	6708	86.4
B	2801	821	8480	61.6
C	951	302	1877	41.0
D	1336	441	5676	62.5
E	692	244	7104	79.6

⑤ **地図3**は，**地図2**中の**Z**の部分の一部の地域を示した地形図である。**地図3**には，━··━（市の境界）が見られる。**地図3**から読み取れる，━··━の西側の土地のようすや土地利用について述べた文として正しいものを，次の**ア〜エ**から1つ選び，記号を書きなさい。

地図3

ア ━··━の東側と比べて斜面の傾きが急であり，果樹園として利用されている。

イ ━··━の東側と比べて斜面の傾きが急であり，広葉樹林として利用されている。

ウ ━··━の東側と比べて斜面の傾きが緩やかであり，果樹園として利用されている。

エ ━··━の東側と比べて斜面の傾きが緩やかであり，広葉樹林として利用されている。

合格判定テスト
実力診断
——数 学——
その 1

注　意

1．問題は 3 ページあります。どの問題から始めてもかまいません。

2．制限時間50分，50点満点のテストです。

3．答えは，**この用紙に直接**，はっきりとていねいに書きなさい。

4．計算 ➡ 解き方 ➡ 求め方 ➡ と示されている問題は，過程がわかる程度の記述を余白に書き，答えは ☐ に書き入れなさい。求め方 ➡ は，図にかき込んでもかまいません。

5．1 ページと 2 ページの上に組，番，氏名を書いてから始めなさい。

組	番	氏　名	得　点

1 次の計算をしなさい。(各2点, 計8点)

(1) $2-(-4)\times 3$

答

(2) $7(a+3b)-(4a-b)$

答

(3) $(x-2)(x+1)-(x-5)^2$

計算

答

(4) $\dfrac{16}{\sqrt{2}}-\sqrt{18}$

計算

答

5 下の図は、正四角すいの展開図である。この正四角すいで、辺DEとねじれの位置にある辺をすべて書きなさい。(2点)

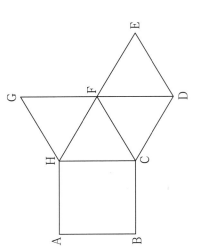

答

6 下の図は、英太さんのクラスの生徒35人のハンドボール投げの記録について、ヒストグラムに表したものである。次の問いに答えなさい。

(各2点, 計4点)

(1) 「20m以上25m未満」の階級の相対度数を求めなさい。

8 下の図のように，3点A，B，Cがある。3点A，B，Cから等距離にある点Pと，点Cを点Pを回転の中心として180°回転移動（点対称移動）した点Qを作図によって求めなさい。ただし，作図に用いた線は残しておくこと。（3点）

B

A

C

9 数子さんは，学校の遠足で動物園に行った。学校から動物園までの行き

10 数子さんは，勉強部屋の室内の乾燥を防ぐため，加湿器Aを使う。この加湿器Aは，「強」，「中」，「弱」の3種類の強さで使用でき，どの強さでも水の消費量は使用した時間に比例する。1時間あたりの消費量は，「強」が800mL，「中」が600mL，「弱」が400mLである。また，リビングには加湿器Bがあり，この加湿器BはAと違って強さは調整できず一定で，水の消費量は使用した時間に比例し，1時間あたりの水の消費量は600mLである。水の容量は，加湿器Aが4800mL，加湿器Bが3000mLである。2つの加湿器に水を入れて，ともに満水にした。加湿器Aを正午から午後1時まで「中」で使用し，午後1時から午後4時まで「強」で使用し，午後4時から午後6時まで「弱」で使用した。また，加湿器Bは午後2時から午後6時まで使用した。このとき，次の問いに答えなさい。

(1) 下の図は，加湿器Bについて，正午からx時間後の加湿器の中に残っている水の量をymLとして，xとyの関係をグラフに表したものである。加湿器Aのxとyの関係を表すグラフを下の図にかき加えなさい。（2点）

y(mL)

5000
4000
3000
2000
1000

0 1 2 3 4 5 6 x(時間後)

11 下の図で，①は関数 $y=\dfrac{a}{x}$ $(a>0)$ のグラフ，②は関数 $y=\dfrac{1}{2}x-2$ のグラフである。点A，Bはグラフ①と②の交点であり，点Cはグラフ①上の点である。点Aのx座標は-2，点Bのx座標は6，点Cのx座標は3であ
る。このとき，次の問いに答えなさい。

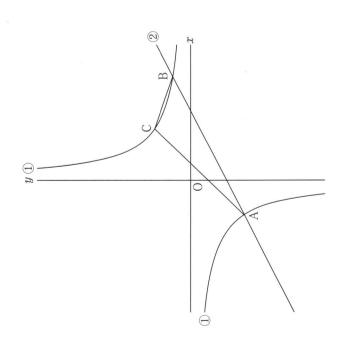

(1) 点Cの座標を求めなさい。（2点）

求め方

答　C（　　，　　）

13 下の図で，△ABCと△ABDは正三角形で，辺DB上に点P，辺BC上に点Qがある。∠DAP＝20°，∠PAQ＝90°であるとき，∠xの大きさを求めなさい。（3点）

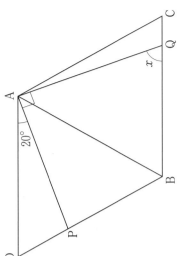

求め方

答　　　　度

14 下の図で，△ABCは∠ABC＝90°の直角三角形であり，△DBEは△ABCと合同な三角形である。このとき，△ABE≡△DBCであることを証明しなさい。（4点）

合格判定テスト
実力診断
―理 科―
その 1

```
┌─ 注  意 ─────────────────────────────────┐
│                                                        │
│  1．問題は 7 ページあります。どの問題から始めてもかまいません。  │
│                                                        │
│  2．制限時間50分，50点満点のテストです。                    │
│                                                        │
│  3．答えは，別紙の解答用紙に，はっきりとていねいに書きなさい。   │
│                                                        │
└────────────────────────────────────────┘
```

K 教英出版

1 次の(1)～(4)の問いに答えなさい。

(1) 図1のようにして，鉄粉と硫黄粉末をよく混ぜ合わせ，乾いた試験管に入れて加熱した。

図1
鉄粉と
硫黄粉末の
混合物

① 図1で加熱後にできる物質を何というか，書きなさい。

② 図1で加熱後にできた物質と加熱前の混合物の違いを確かめる方法を1つ書きなさい。

(2) 火山のでき方や火山の形について調べるために，図2のような装置をつくり，三角フラスコ内に気体が発生して混合物がふくらみ，板の上にふき出すようすを観察した。水の量を15cm³にしたときと40cm³にしたときのようすはそれぞれ図3，図4のようになった。

図2
ガラス管　板
ビーカー　三角フラスコ
水，石膏，洗濯のりの混合物
炭酸水素ナトリウム

① 図3のような形の火山は図4のような形の火山と比べて，どのようなことが言えるか，「ねばりけ」という言葉を使って書きなさい。

図3

（水の量が15cm³）

図4

（水の量が40cm³）

② 図3のような形の火山と図4のような形の火山の組み合わせとして適するものを次のア～エから1つ選び，記号を書きなさい。

ア　図3…桜島　図4…昭和新山
イ　図3…キラウエア　図4…雲仙普賢岳
ウ　図3…マウナロア　図4…富士山
エ　図3…雲仙普賢岳　図4…マウナロア

(3) 図5のように電極Aが－極，電極Bが＋極となるように電源装置につなぎ，電圧をかけたところ，蛍光板に光る線が見えた。さらに，電極Cに＋極，電極Dに－極を接続して電圧をかけると，光の線は電極C側に曲がった。

① 光る線はある粒子でできている。この粒子を何というか，書きなさい。また，図5で，電極Cに＋極，電極Dに－極を接続して電圧を加えたのはこの粒子のどのような性質を確かめるためか，書きなさい。

② 図5と同じ装置を使い，電極CとDに電圧を加えるのをやめ，図6のように，U字形磁石を近づけると，光の線はbの向きに曲がった。U字形磁石のN極とS極の向きを図6のときと反対にして近づけると光の線はa，bのどちらに曲がるか，記号を書きなさい。

図5
電極C
クルックス管
電極A
蛍光板　光る線
電極B
電極D

図6
電極A
S N　近づける
a
b
電極B

(4) 図7はライオンとシマウマの目のつき方を，図8は頭の骨を比べたものである。

図7

ライオン　シマウマ

図8　E

F

① ライオンの目はシマウマに比べて前方についていることでどのような利点があるか，書きなさい。

② シマウマの頭の骨は図8のE，Fのどちらか，記号を書きなさい。また，シマウマの歯で発達している部分をその食べ物と関連付けて説明しなさい。

K教英出版

2 教子さんは一度混ぜたものをもとに戻せないかと考え，混合物を分ける実験１，２を行った。あとの問いに答えなさい。

〈実験１〉

図１のように，試験管にアンモニア水約10cm³と沸騰石を入れ，弱火で熱して出てきた気体を乾いた丸底フラスコに集めた。このとき，丸底フラスコの口のところに，水でぬらした赤色リトマス紙を近づけると青くなった。次に，気体を集めた丸底フラスコを用いて図２のような装置を作り，スポイトの中には水を入れた。スポイトを押して丸底フラスコの中に水を入れると，水槽の水が吸い上げられ，噴水が見られた。

図１
図２

(1) 〈実験１〉で，水でぬらした赤色リトマス紙を青色に変化させた気体は何か，化学式で書きなさい。

(2) 〈実験１〉で，発生した気体を図１のように上方置換法で集める理由を書きなさい。

(3) 〈実験１〉で，図２の水槽の水に緑色のＢＴＢ溶液を加えると，噴水は何色になるか，書きなさい。

〈実験２〉

図３のような装置を作り，枝つきフラスコにエタノールの濃度が10％の赤ワイン30cm³と沸騰石を入れ，弱火で熱し，出てきた液体を約2cm³ずつ試験管Ａ，Ｂ，Ｃの順に集めた。次に，試験管Ａ〜Ｃの液体をそれぞれ蒸発皿に移し，マッチの火をつけると，試験管Ａ，Ｂの液体は燃えたが，試験管Ｃの液体は燃えなかった。

図３

(4) 〈実験２〉のように，液体を加熱して沸騰させ，出てきた気体を再び液体にして取り出す方法を何というか，書きなさい。

(5) 図３で，温度計の球部を，枝つきフラスコの枝のつけ根の高さにした理由を書きなさい。

(6) 〈実験２〉で，試験管ＡとＣの液体の密度の大きさの違いを説明しなさい。ただし，エタノールの密度を0.79g/cm³，水の密度を1.0g/cm³とする。

(7) 〈実験２〉で，エタノール（C_2H_6O）が燃えたときの化学変化を化学反応式で表すと，次のようになる。
　　① ，ㅤ② に当てはまる整数を書き，化学反応式を完成させなさい。

$C_2H_6O + 3O_2 →$ ①ㅤ$CO_2 +$ ②ㅤH_2O

(8) アンモニア水や赤ワインのように，いくつかの物質が混ざり合ったものを混合物という。ア〜オから混合物をすべて選び，記号を書きなさい。

ア 炭酸水素ナトリウム　イ 食塩水　ウ ブドウ糖　エ 塩酸　オ みりん

― 2 ―

3 英太さんは植物のつくりとはたらきについて調べるため，観察や実験を行った。あとの問いに答えなさい。

〈観察1〉

双子葉類の植物Aの葉を薄く切って切片をつくり，スライドガラスの上にのせた。スライドガラスに，水を1滴落としてカバーガラスをかぶせ，顕微鏡で葉の断面のつくりを観察した。図1は，顕微鏡で観察した植物Aの葉の断面のスケッチで，aとbの2種類の管が集まり束になっているようすが観察できた。

図1

(1) 下線部に分類される植物はどれか，適するものを次のア〜エから1つ選び，記号を書きなさい。

ア トウモロコシ　イ ユリ　ウ ツユクサ　エ アブラナ

(2) 図1のaの管を通るものは何か，書きなさい。

英太さんは，教科書で茎の断面図を見て，2種類の管が集まり束になっている部分を比べた。

図2

(3) 2種類の管が集まって束になっている部分を何というか，書きなさい。

(4) 図1のbの管と同じものが通る管は，図2のc，dのどちらか，記号を書きなさい。

〈観察2〉

単子葉類の植物Bの葉の表側と裏側の表皮をはがして，それぞれをスライドガラスの上にのせた。それぞれのスライドガラスに，水を1滴落としてカバーガラスをかぶせ，顕微鏡で葉の表皮にある気孔を観察した。図3は，観察に用いた植物Bの葉と，葉の表側の表皮を観察した際，顕微鏡の視野全体に観察された気孔をスケッチしたものである。スケッチした範囲は，葉の表皮のうち図3に示した直径0.8mmの円形部分に相当する。観察の結果，この植物では，葉の表側と裏側の表皮に，ほぼ同じ数の気孔が観察された。

図3

植物Bの葉

気孔のスケッチ

(5) 気孔から出される気体のうち，根からの水の吸収を盛んにするために出されるものは何か，書きなさい。

(6) 図3から，葉の表皮の気孔は1mm²あたりにおよそいくつあると考えられるか，適するものを次のア〜エから1つ選び，記号を書きなさい。

ア 20　イ 40　ウ 80　エ 120

— 3 —

合格判定テスト
実力診断
──英　語──
その１

注　意

1．問題は７ページあります。※**放送による問題**は，放送の指示にしたがってやりなさい。

2．制限時間50分，50点満点のテストです。

3．答えは，**別紙の解答用紙**に，はっきりとていねいに書きなさい。

4．英語を書くときは，大文字，小文字の区別や，ピリオド，コンマなどに気をつけて書きなさい。

※音声の聴き方は「このテストの使い方」に記載しています。

放送文は，「正答例と解説」の７ページにあります。ウェブサイトで音声を聴くことができない場合は，そちらを読みながらテストを実施してください。

☆１・２・３は放送による問題です。

１　教子（Kyoko）とサム（Sam）の対話とそれに対する質問を聞いて，質問の答えとして適するものをア，イ，ウ，エから１つ選び，記号を書きなさい。英語は２回くり返します。

(1)　ア　イ　ウ　エ

(2)　ア　イ　ウ　エ

(3)　ア　イ　ウ　エ

(4)　ア　イ　ウ　エ

2　留学生のアリ（Ari）が自分の国について話をしています。内容に合うように，①〜⑤の（　　　）に適する日本語または数字を書きなさい。英語は2回くり返します。

- アリはトルコの学生である。
- 日本からトルコまで，飛行機で（　①　）時間かかる。
- トルコは日本よりも広いが，トルコの（　②　）は日本よりも少ない。
- トルコには日本の企業がたくさんあり，トルコの多くの人が日本に（　③　）。
- トルコと日本の文化は似ているところが多い。
  例えば…

  - 家にあがるときは靴を脱ぐ。そのため，（　④　）である。
  - お菓子がとてもおいしい。よくレストランで（　⑤　）ながら，甘いお菓子を食べる。

3　英太（Eita）が日本で仕事をしている佳（Jia）にインタビューをしています。対話を聞き，(1)(2)は質問の答えとして適するものをア，イ，ウから1つずつ選び，記号を書きなさい。(3)(4)は質問に英語で答えなさい。英語は2回くり返します。

(1) ア　Yes, she can.　　　イ　No, she can't.　　　ウ　Yes, she does.

(2) ア　For 35 hours.　　　イ　For 40 hours.　　　ウ　For 45 hours.

(3) She _____ in different languages.

(4) _____ between people from abroad and Japanese people.

Food Festival

4 教子（Kyoko）とサラ（Sara）が国際イベント（international event）の話をしています。対話を読んで，あとの問いに答えなさい。

Kyoko : Hi, Sara. How are you?

Sara : Good! I hear you joined an international event yesterday.
（　　①　　）

Kyoko : It was exciting. Ten *foreign students from five countries came to Japan to talk about *global problems with Japanese students.

Sara : Great! （　　②　　）

Kyoko : The topic was *climate change. We had some ideas to *solve the problem. It was a good experience.

Sara : You speak English well. So I don't think it's difficult for you to work with foreign students.

Kyoko : Well, I like speaking English. But I had a problem last year.

Sara : What was the problem?

Kyoko : In an English class, I talked with students from Australia on the Internet. We talked about *global warming. But it didn't *go smoothly because I didn't get any information about their country before the class. It was my mistake. Japanese culture and *Australian culture aren't the same.

Sara : I see. When you work with foreign students, it's very important to （　　③　　）

Kyoko : I *agree. For yesterday's event, I learned about the five countries. I could talk with the foreign students well because I got some information before. We knew our *differences and *respected them. So we had some good ideas.

Sara : （　　④　　）

Kyoko : For example, we should *save electricity to *reduce the amount of using *fossil fuel. And we should ride bikes *instead of using cars.

Sara : I see. You could learn many things from your experience.

Kyoko : Yes, I learned it was the most important to *prepare.

*foreign：外国の

*global：
地球規模の

*climate change：
気候変動
*solve：解決する

*global warming：
地球温暖化
*go smoothly：
スムーズに進む

*Australian：
オーストラリアの

*agree：同意する

*difference(s)：
ちがい
*respect(ed)：
尊重する

*save electricity：
節電する
*reduce the
amount：
量を減らす
*fossil fuel：
化石燃料
*instead：
かわりに
*prepare：
準備する

— 3 —

国 語 解 答 用 紙

解答に字数制限がある場合は、句読点も一字として数えること

＊は一つ一点とする。

	組	番	氏　名	得点

一

⑤ ＊	① ＊
⑥ ＊	② ＊
⑦ ＊	③ ＊
う	る
⑧ ＊	④ ＊
う	る

二

問一
完答 ＊＊

問二 ＊

問三 ＊＊
文化

＊＊
文明

問四 ＊＊

問五 ＊

問六 ＊＊

三

問七 ＊＊＊

80

60

社 会 解 答 用 紙

＊は1つ1点とする。

組	番	氏　名	得　点

1

(1) ＊① ／ ＊② ／ ＊③ ／ ＊④ ／ ＊⑤

⑥　i ＊＊ ／ ii ＊＊

(2) 記号　月　　日　午前・午後　　時
＊①　国名
午前・午後どちらかを〇で囲むこと

＊②　記号

＊③　正しい語句

2

＊(1)　＊①

＊＊(2)　＊＊③　記号

(4) ＊④ ／ ＊⑤ ／ ＊⑤

＊②

＊(3)

立地場所 ＊

理科　解答用紙

＊は1つ1点とする。

組	番	氏　名	得点

1

(1)	①＊	②
(2)	①＊	
(3)	①　粒子＊　　　　　　　　　性質＊	②
(4)	②　記号＊　　　説明＊	②

2

(1)＊	(2)＊　　　　色
(3)＊	(4)	(5)＊
(6)＊	(7)①＊　　②＊
(8)＊＊

3

| (1)＊ | (2)＊ | (3)＊ | (4)＊ | (5)＊ |
| (6)＊ | (7)＊ |
| (8)＊ |

合格判定テスト・実力診断　その1

英 語 解 答 用 紙

*は1つ1点とする。

1	*(1)	*(2)	*(3)	*(4)

2	*①	*②	*③	*(4)
	*④	*⑤		

3	*(1)	*(2)	(3) She
	*(4)		

4 differ (1) ①　　　　　between people from abroad and Japanese people.

4	(1) ①	*②	*③	*④
	*(2)	*		in different languages.
	(3)	*		

| | **(1) | | | |

得 点

合格判定

組　番　氏　名

Ｋ 教英出版

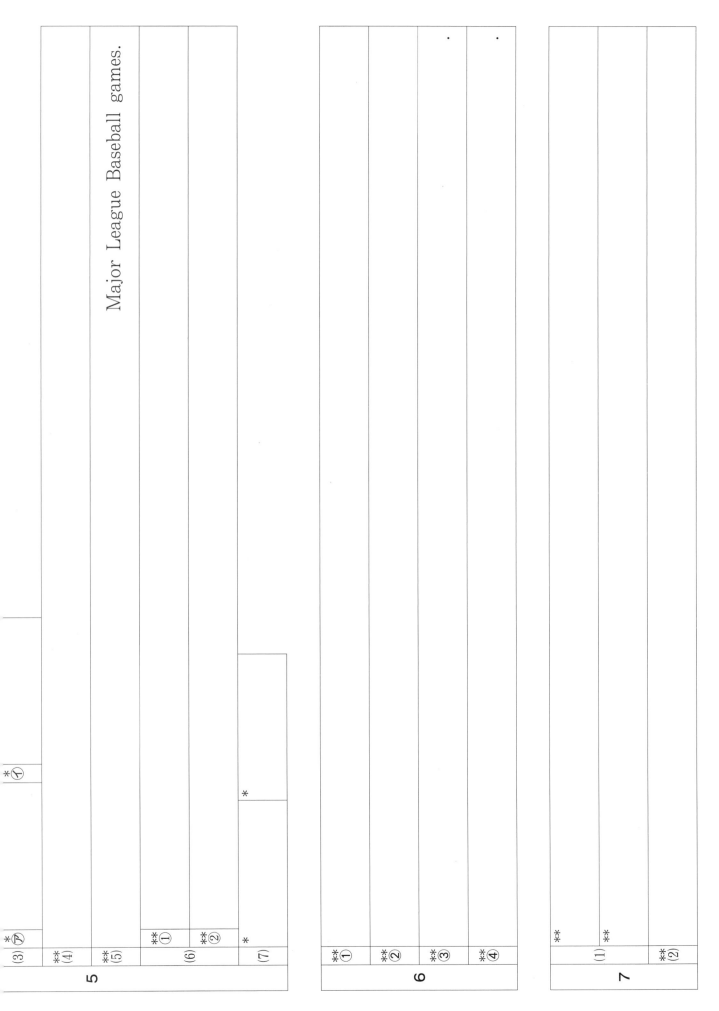

Major League Baseball games.

教英出版

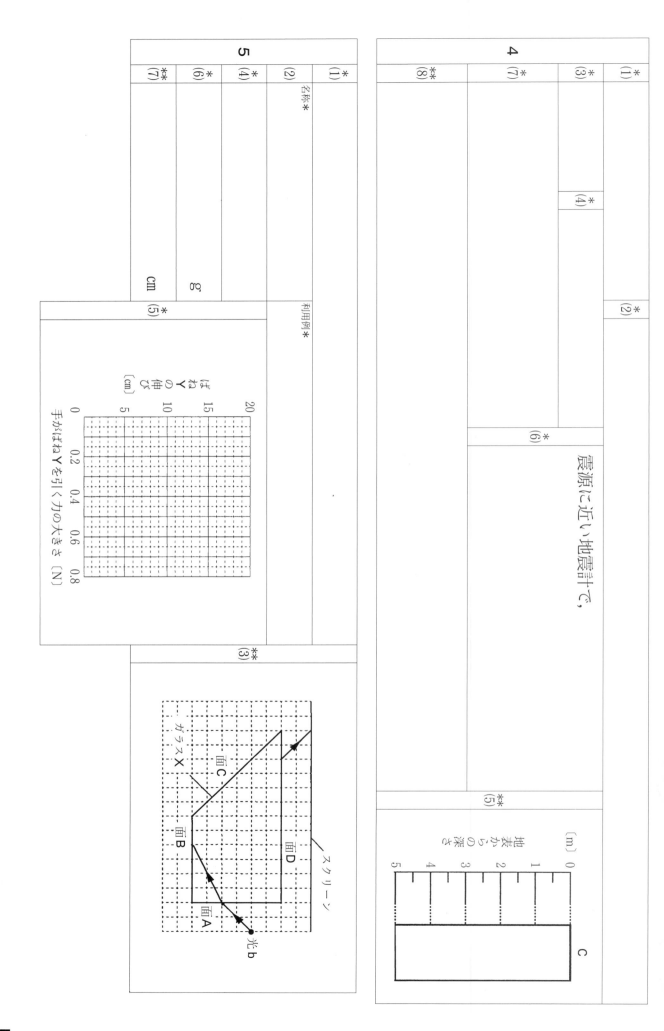

4

(1)*

(3)*

(7)*

(8)**

(4)*

(2)*

(6)* 震源に近い地震計で，

(5)**
地表からの深さ〔m〕
0
1
2
3
4
5
C

5

(1) 名称*　　利用例*

(2)*

(4)*

(6)*　　　g

(7)**　　　cm

(5)*
ばねYの伸び〔cm〕
20
15
10
5
0
手がばねYを引く力の大きさ〔N〕
0　0.2　0.4　0.6　0.8

(3)**
ガラスX
面C
面B
面A
面D
スクリーン
光b

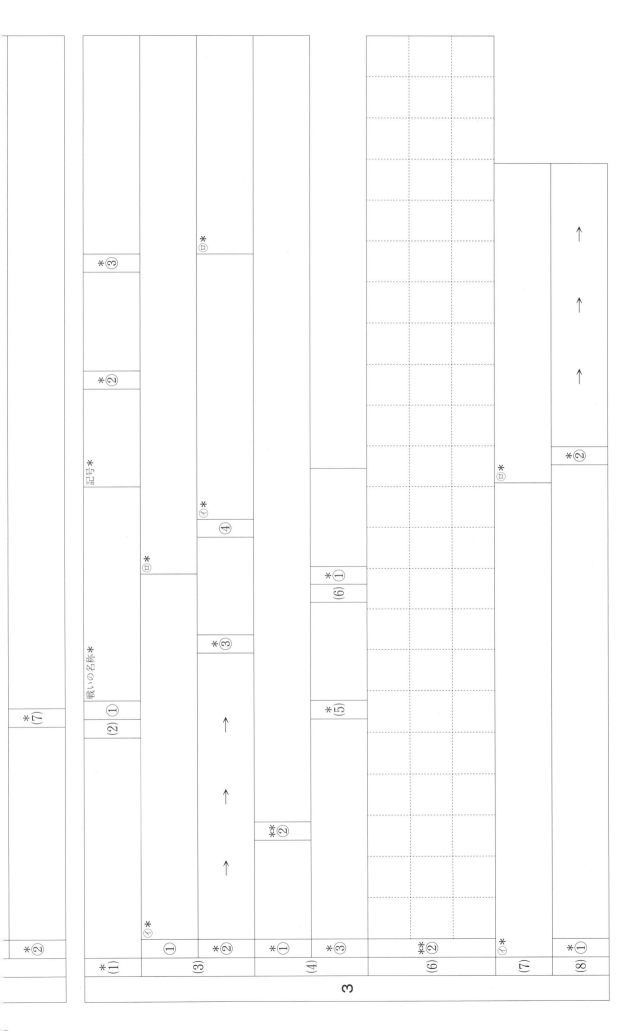

3

(1) ＊① (2) ①＊① ②＊① 記号＊ ＊② ＊③ 戦いの名称＊

(3) ①＊② ①＊ ＊③ ④＊ ⑩＊

(4) ①＊① ②※＊ ⑩＊

(5)＊ (6)①＊ ①＊

(6) ②※＊

(7) ①＊ ⑩＊

(8) ①＊ ②＊

(7)＊ ②＊

四

問一 **

問二 ***

問三 **

140

100

問三 *

問四 ***

問五 **

問六 **

問七 **

問八 **
初め
終わり

問九 ***

(1) ①〜④の（　　　　）に最も適する英語を次の**ア〜キ**から１つずつ選び，記号を書きなさい。

> **ア**　Where did you go to join it?　　**イ**　What did you talk about ?
> **ウ**　What did you do to help the students ?　　**エ**　How was it?
> **オ**　What ideas did you have?　　**カ**　know each country has its own culture.
> **キ**　speak English.

(2) 教子が英語の授業でオーストラリアの生徒とインターネットを通して話をした時，スムーズに進まなかった理由を日本語で書きなさい。

(3) 対話の内容と合うものを次の**ア〜オ**から２つ選び，記号を書きなさい。

ア　Kyoko went to Australia to talk about climate change.

イ　Kyoko talked with foreign students from five countries in the international event.

ウ　Kyoko studied about global warming after the international event.

エ　Kyoko learned about the five countries before the international event.

オ　Kyoko learned that to think about global warming was the most important of all.

5 英太（Eita）は，メジャーリーグベースボール（Major League Baseball）についてスピーチ原稿を書きました。英文を読んで，あとの問いに答えなさい。

When I was a junior high school student, my family lived in an old and beautiful city of the U.S. for a year. My father taught science at *college there. I had a good friend, Paul. We went to the same school. I enjoyed my life in the U.S. very much.

*college：大学

One day, I was talking with Paul at lunch. Paul asked, "Would you like to go to the *ballpark tomorrow? My father has some *tickets for a Major League Baseball game." "①I would love to go." I said. "I've wanted to watch a Major League Baseball game for a long time." "There is a great Japanese *pitcher on our team." Paul said. "He has been playing baseball for five years in Major League Baseball. The other team [＿＿＿＿＿＿]. Maybe you can see both players tomorrow."

*ballpark：球場

*ticket(s)：チケット

*pitcher：投手

The next day, Paul's father ㋐(take) me and Paul to the ballpark. It *was full of people. The green *field was so large and beautiful that I could not say anything. When the game started, I was surprised to see the first *batter was Japanese. I said, "Oh, there are two Japanese players in this field!" "It's not easy to play on a Major League Baseball team." Paul's father said. "Playing on a Major League Baseball team is a dream for many baseball players. These two Japanese players are ㋑(love) by many people in the U.S." I was very happy to hear that. I asked, "②How many teams are there in Major League Baseball?" "There are 30 teams in different cities, and 29 of them are in the U.S. and one of them is in *Canada. Because only the best players around the world are *chosen, it is difficult to join a Major League Baseball team." Paul's father answered. I hoped more Japanese players could join teams in the future. When all the people were enjoying the game, I heard some music. [hear ／ music ／ I ／ often ／ at ／ the] Major League Baseball games. People started to sing the song together. That song made the players and the *audience more excited. I thought that people became good friends through the game.

*be full of：
　いっぱいである
*field：フィールド

*batter：打者

*Canada：カナダ

*chosen：
　choose の過去分詞

*audience：観客

I live in Japan now. On fine days, my father and I sometimes play catch in a park. I still *remember my wonderful time in the U.S. I hope that I will visit that old and beautiful city to watch one more game and to enjoy the music.

*remember：思い出す

— 5 —

教英出版

(1) 下線部①のように英太が言った理由を，日本語で具体的に書きなさい。

(2) ☐☐☐☐ に最も適する英語を次の**ア～エ**から選び，記号を書きなさい。
　　ア　has two good Japanese batters
　　イ　has a good Japanese batter
　　ウ　has a good Japanese pitcher
　　エ　has no Japanese player

(3) ㋐と㋑の動詞を適する形にしなさい。

(4) 下線部②の質問に対する答えを，メジャーリーグに所属するチームがある 2 つの国とそのチーム数がわかるように日本語で具体的に書きなさい。

(5) 〔　　〕内の英語を，正しい語順に並べかえて書きなさい。

(6) 本文の内容に合うように，次の質問に 3 語以上の英語で答えなさい。
　　①　Who stayed in an old and beautiful city of the U.S. for a year?
　　②　Why is it difficult to join a Major League Baseball team?

(7) 英太のスピーチの内容と合うものを，次の**ア～オ**から 2 つ選び，記号を書きなさい。
　　ア　Eita and Paul were students of the same school in Japan.
　　イ　Eita could not say anything because the green field was large and beautiful.
　　ウ　Eita hoped more Japanese players could join Major League Baseball teams.
　　エ　Eita was really happy because he could become good friends with Paul through the soccer team.
　　オ　Eita hopes to visit the beautiful ballpark and play there as a Major League Baseball player.

次のページにも問題があります。

6　英太（Eita）と留学生のオリビア（Olivia）が話をしています。①と②のことを伝えるとき，英語でどのように言いますか。下線部に適する英語を書きなさい。また，③と④には，会話の流れが自然になるように，それぞれ5語以上の英語を書きなさい。ただし，同じ内容の文は入れないこととします。

　　Eita : Hi, Olivia.　What are you reading?

　　Olivia : A *guidebook about *Canada.　＿＿＿①カナダに行ったことはある？＿＿＿

　　Eita : No.　But I want to visit Canada in the future.

　　　　　　＿＿＿②その本を見せてくれない？＿＿＿

　　Olivia : Sure.　Here you are.　This guidebook says Canada has beautiful

　　　　　　nature and a lot of museums.

　　Eita : So we can enjoy both outdoor *activities and *indoor activities.

　　　　　　Which do you like better, outdoor activities or indoor activities?

　　Olivia : I like indoor activities better because ＿＿＿③＿＿＿.

　　Eita : Oh, I'm *against your opinion.

　　　　　　I like outdoor activities better because ＿＿＿④＿＿＿.

　　Olivia : Oh, no.　It is difficult for us to go on a trip together.

*guidebook：ガイドブック
*Canada：カナダ

*activities：活動
*indoor：屋内の

*against your opinion：あなたの意見に反する

7　日本の公園に興味があるALTのトニー（Tony）先生が，A市（A City）の市民が公園に求める役割に関するデータ（data）を配りました。データを見て，トニー先生の質問に対する答えを英語で書きなさい。

〈データ〉

A市の市民が公園に求める役割 （複数回答あり）

A place for eating
A place for relaxing
A place for children
A place for sports
A *hub for the *community

The data shows "What *roles do people in A City want for parks?"

*hub：中心　　*community：地域社会　　*role(s)：役割

〈トニー先生の質問〉

⑴　What can you see from this data?　Please write two things from it.

⑵　What is the most important role for parks to you?　Please write your own idea.

〈実験〉

図4のように4本の試験管W〜Zを用意し，試験管W，Xにほぼ同じ大きさのオオカナダモを入れた。青色のBTB溶液に息を吹き込んで緑色にしたものを，すべての試験管に入れて満たした後，すぐにゴム栓でふたをした。次に，図5のように試験管X，Z全体をアルミニウムはくでおおい，光が当たらないようにした。4本の試験管を光が十分に当たる場所に数時間置き，BTB溶液の色を調べ，その結果を表にまとめた。

図4

オオカナダモ

表

試験管	W	X	Y	Z
BTB溶液の色	青色	黄色	緑色	緑色

図5

アルミニウムはく

(7) 試験管Y，Zを用意したのはなぜか，書きなさい。

(8) 試験管XでBTB溶液の色が黄色になったのは，何という気体が増加したからか，物質名を書きなさい。

(9) 試験管WでBTB溶液の色が青色になったのはなぜか，「光合成」と「呼吸」という言葉を使って書きなさい。

4 教子さんは，理科の授業で災害について学び，自分の住む地域の地形の特徴や災害について調べ，レポートにまとめた。あとの問いに答えなさい。

〈レポート〉

【目的】
　自分の住む地域の地層を観察し，図書館や防災センターで地形の特徴を調べて，災害に備える。

【方法】
　図1の地点A，Bで，地面に対し垂直に切り立った崖を観察し，地層をスケッチしたものが図2である。図書館や防災センターで資料の収集とインタビューを行い，表に図1の地点A，B，C，Dの標高を，図3に地点Dの柱状図を示した。図2のスケッチの●はA，Bそれぞれの地点で崖を観察した位置を示しており，表に示した標高と同じ高さである。

図1　調査を行った場所

地点A，Bでは，矢印の方向から地層を観察した

図2　地点A，Bの地層のスケッチ

地層の模様は図3と同じ

表

地点	A	B	C	D
標高〔m〕	18	17	19	20

図3　地点C，Dの柱状図

泥岩の層
砂岩の層
れき岩の層
火山灰の層

【わかったこと】
・この地域の地層は断層やしゅう曲，上下の逆転がなく，地層の厚さも一定で広がっている。
・図2，3の地点A，B，Dの①火山灰の層ができたのは同じ年代である。
・地点Cでは現在ボーリング調査が行われている。

【考察】
・地点Dの柱状図から，この地域で②れき岩の層が堆積し，火山灰の層が堆積するまでに，この地域は大地の変動により，海岸から遠ざかっていったと考えられる。
・地層の上下の逆転がないことから，砂岩の層Xと泥岩の層Y，Zは，　③　の順に堆積したと考えられる。
・図1，2，3から，地層は一定の傾きで，　④　の向きに傾いて低くなっていると考えられる。

【感想】
　自分が住んでいる地域の地形の特徴を調べることで，地層が災害に関わっていることがわかった。⑤緊急地震速報などの情報に注意したり，日ごろからハザードマップを見て災害の時の行動を考えたりすることが大切だと思った。

(1) 下線部①で，火山灰が押し固められてできた岩石を何というか，書きなさい。

(2) 下線部②のように考えることができるのはなぜか，書きなさい。

(3) ③ に入る順として適切なものを，次のア～エから1つ選び，記号を書きなさい。

ア X→Y→Z　　イ Z→Y→X　　ウ X→Z→Y　　エ Y→Z→X

(4) ④ に入る方角を4方位で書きなさい。

(5) Cの柱状図で，火山灰の層にあたる部分を，解答用紙の図にぬりつぶしなさい。

(6) 下線部⑤はどのようなシステムか，「震源に近い地震計で，」に続く形で，「P波」と「S波」という言葉を使って書きなさい。

教子さんは地震が起こるしくみについて興味を持ち，断層やプレートについて調べることにした。図4は，地震が起こるときに生じる断層の1つを模式図で表している。

図4

(7) 図4のような断層ができるとき，地層にはどのような向きの力がはたらいているか，書きなさい。

(8) 西日本の太平洋沖には，大陸プレートであるユーラシアプレートと海洋プレートであるフィリピン海プレートとの境界がある。このようなプレートの境界付近で大きな地震が起こる仕組みを説明しなさい。

次のページにも問題があります

5 英太さんは，光の進み方やばねのはたらきに興味をもち，実験1，2を行った。あとの問いに答えなさい。

〈実験1〉

図1のように，正方形のマス目のかかれた厚紙の上に，透明で底面が台形である四角柱のガラスXとスクリーンを置き，光源装置から出た光の進み方を調べた。図2は，点Pを通り点QからガラスXに入る光aの道筋を厚紙に記録したものである。次に，光源装置を移動し，図2の点Rを通り点Sに進む光bの進み方を調べると，光bは，面Aで屈折してガラスXに入り，ガラスXの中の面B，Cで反射したのち，面Dで屈折してガラスXから出てスクリーンに達した。このとき，面B，Cでは，通り抜ける光はなく，全ての光が反射していた。

図1

図2

(1) 光がガラスから空気中へと屈折して進むとき，入射角と屈折角の大きさはどのような関係になるか，書きなさい。

(2) 下線部のような反射を何というか，書きなさい。また，この反射が利用されている例を1つ書きなさい。

(3) 図3は，光bが面Aで屈折し，面Bで反射するまでと，面Dから空気中に出た後の道筋を示している。面Bで反射してから面Dに達するまでの光の道筋をかきなさい。

図3

〈実験2〉

図4のように，質量80gの物体EをばねYと糸でつないで電子てんびんにのせ，ばねYを真上にゆっくり引き上げながら，電子てんびんの示す値とばねYの伸びとの関係を調べた。表は，その結果をまとめたものである。ただし，糸とばねYの質量，糸の伸び縮みは考えないものとし，質量100gの物体にはたらく重力の大きさを1.0Nとする。

図4

表

電子てんびんの示す値〔g〕	80	60	40	20	0
電子てんびんが物体Eから受ける力の大きさ〔N〕	0.8	0.6	0.4	0.2	0
ばねYの伸び〔cm〕	0	4.0	8.0	12.0	16.0

(4) 電子てんびんの示す値が80gのとき，物体Eにはたらく上向きの力は何か，書きなさい。

(5) 表をもとに，手がばねYを引く力の大きさとばねYの伸びとの関係を表すグラフをかきなさい。

(6) 〈実験2〉で，ばねYの伸びが6.0cmのとき，電子てんびんは何gを示すか，求めなさい。

(7) 図4の物体Eを，質量120gの物体Fにかえて，〈実験2〉と同じ方法で実験を行った。電子てんびんの示す値が75gのとき，ばねYの伸びは何cmか，求めなさい。

— 7 —

の傾きを求めなさい。（3点）

求め方

〈証明〉

12 右の図のように，長方形ABCDから点Cを中心とする半径BCのおうぎ形を取り除いた図形がある。この図形を，辺DEを軸として1回転したときにできる立体の体積を求めなさい。ただし，円周率はπを用いて表すこと。（3点）

答

答　　cm³

出発し、途中の公園で10分間休憩し、午後3時10分に学校に着いた。このとき、動物園から公園までの歩く速さは分速70m、公園から学校までの歩く速さは分速60mであった。

学校から公園までの道のりをx m、公園から動物園までの道のりをy mとして連立方程式をつくり、学校から公園までの道のりと、公園から動物園までの道のりをそれぞれ求めなさい。（4点）

解き方 →

連立方程式 $\left\{ \begin{array}{l} \\ \\ \end{array} \right.$

答
学校から公園までの道のり　　　　m

公園から動物園までの道のり　　　　m

(2) 午後6時になったとき、加湿器の中に残っている水の量は、どちらの加湿器の方がどれだけ多いかを求めなさい。（3点）

求め方 →

答
加湿器　　　　の方が　　　　mL多い

（注意：裏面にも問題があります）

3 次の方程式を解きなさい。（2点）

$$\frac{3}{4}x - 1 = \frac{3}{8}x + 2$$

解き方 ⬆

答 ☐

---

4 $x = -\dfrac{2}{3}$, $y = 6$のとき、次の式の値を求めなさい。（2点）

$$(3x^2y - 15xy^2) \div (-6x)$$

求め方 ⬆

答 ☐

（2） 第3四分位数が含まれる階級を求めなさい。

答

m以上	m未満

---

7 当たりが2本、はずれが3本入ったくじがある。Aさんがこのくじを1本引く。引いたくじを元に戻さずに、Bさんがこのくじを1本引く。このとき、2人ともはずれのくじを引く確率を求めなさい。ただし、どのくじを引くことも同様に確からしいものとする。（3点）

求め方 ⬆

答 $x =$ ☐

(5) 資料5は，1960年度から2010年度における，野菜と果実の国内自給率の推移を示したものである。資料6は，1960年度から2010年度における，野菜と果実の国内生産量と輸入量の推移を示したものであり，ア〜ウは，野菜の国内生産量，野菜の輸入量，果実の輸入量のいずれかを示している。資料5を参考にして，果実の輸入量にあたるものを，資料6のア〜ウから1つ選び，記号を書きなさい。

資料5　野菜と果実の国内自給率の推移

資料6　野菜と果実の国内生産量と輸入量の推移

(6) 瀬戸内海沿岸には，瀬戸内工業地域が形成されている。これについて，次の問いに答えなさい。

① 瀬戸内工業地域は石油化学工業が発達した工業地域である。資料7は，日本の石油化学コンビナート所在地を表したものである。資料8は，日本の原油生産量と原油輸入量を示したものである。日本において，石油化学コンビナートはどのような場所に立地しているか。資料7から読み取りなさい。また，その理由を，資料8から読み取れることに関連付けて，書きなさい。

資料7　石油化学コンビナート所在地

● 石油化学コンビナート

資料8　日本の原油生産量と原油輸入量

	生産量（千kL）	輸入量（千kL）
2019年	522	175489

② 関東地方から九州地方北部にかけては，瀬戸内工業地域などの工業地域が帯状に連なっている。この帯状の工業地域を何というか，名称を書きなさい。

(7) 英太さんは，岡山県と地図2中のⒸ県の通勤・通学者数の変化を示した資料9を見つけた。また，資料9に見られる変化の原因を調べていくうちに資料10を見つけた。1980年から2015年にかけて，岡山県とⒸ県の通勤・通学者がそれぞれ増えた理由を，資料10を参考にして書きなさい。

資料9　岡山県・Ⓒ県の通勤・通学者数の変化（人）

	1980年	2015年
岡山県からⒸ県へ	541	2453
Ⓒ県から岡山県へ	834	2170

資料10　中国四国地方の高速道路の整備

■■■■ 1980年以前に開通した高速道路
■■■■ 1981年〜2000年に開通した高速道路
■■■■ 2001年以降に開通した高速道路

3 教子さんのクラスでは，歴史の授業で外国と関係のあった日本の地域について発表するため，カードや資料を作成した。

地図1

カードP

　この地域にある都市は，a唐などが攻めてくるのに備えて守りを固めるために設けられた。そのため，この都市の周辺には，（　　あ　　）からの渡来人たちの力を借りて，いくつものb防御施設が造られた。

カードQ

　この地域にある都市は，日宋貿易を進めるために，c平清盛によって整備された港を有している。のちのd日明貿易においても海上交通の要所の1つとされ，現在でも日本有数の貿易港となっている。

カードR

　この地域にある都市は，（　　い　　）人により伝えられた鉄砲を大量生産することで繁栄した。またe織田信長により，この地は自治を奪われることとなった。

カードS

　この地域にある都市は，江戸時代の御三家の1つの城下町として栄えた。のちに繊維産業に関連した技術を生かしたものづくりがさかんとなり，戦後日本有数の工業地帯に発展し，生産された製品を輸出する港も日本有数の貿易港になった。

カードT

　この地域にある都市は，出島に（　　う　　）の商館が置かれるなど，江戸幕府にとって外国との貿易の窓口であった。のちにfフェートン号事件が起きたり，（　　え　　）の使節レザノフがこの地に来航したりした。

カードU

　この地域にある都市は，g1858年に結ばれた条約により開かれた港の1つを有している。のちに日本の貿易の中心地となり，この都市と新橋の間に日本で初めての鉄道が開通した。

年表1

年号	出来事
607	小野妹子が遣隋使として派遣される……………ア
645	大化の改新が始まる……………………イ
672	壬申の乱が起きる………………………ウ
710	平城京に都が移される…………………エ
784	長岡京に都が移される………………

資料1

(1) **カードP**から**カードU**の地域にあてはまらないものを，**地図1**の⑦〜⑦から2つ選び，記号を書きなさい。

(2) **カードP**について，問いに答えなさい。

　① 　下線部**a**が考えられた原因は，ある戦いに大敗したからである。この戦いの名称を書きなさい。また，この戦いが行われた時期を，**年表1**の**ア〜エ**から1つ選び，記号を書きなさい。

　② 　（　　あ　　）にあてはまるものを，次の**ア〜エ**から1つ選び，記号を書きなさい。

　　　ア 漢　　**イ** 高麗　　**ウ** 百済　　**エ** 秦

　③ 　下線部**b**について，大宰府を防衛するために直線状の堀と土塁からなる**資料1**が築かれた。**資料1**の防御施設を何というか，書きなさい。

Ｋ教英出版

(3) **カードQ**について，問いに答えなさい。

① 次の文は，下線部**c**についてまとめたものである。
（ **イ** ）にあてはまる語句を書きなさい。また，（ **ロ** ）
にあてはまる内容を，**資料2**から読み取り書きなさい。

資料2 平氏の系図の一部

> 平清盛は，武士として初めて（ **イ** ）になり，政治の実
> 権をにぎり，（ **ロ** ）にして，権力を強めた。

② 次の**ア～エ**は，下線部**c**と対立していた源氏や鎌倉幕府に関連する出来事である。**ア～エ**を年代の古い
順に並べ替え，記号を書きなさい。

ア 後鳥羽上皇が鎌倉幕府を倒すために挙兵した。

イ 源頼朝が征夷大将軍に任じられた。

ウ 御家人の権利や義務などの武士の慣習をまとめた御成敗式目を制定した。

エ 国ごとに守護を，荘園や公領ごとに地頭を設置することを朝廷に認めさせた。

③ 下線部**d**を始めた人物が建てた建築物として適切なものを，次の**ア～エ**から1つ選び，記号を書きなさい。

ア	イ	ウ	エ

④ 次の文は，下線部**d**を説明したものである。**資
料3**，**資料4**を参考にして，（ **イ** ），（ **ロ** ）
にあてはまる語句を書きなさい。

> 明の皇帝は，（ **イ** ）を条件として，正式な貿易
> 船を区別するための（ **ロ** ）を日本側に与えた。

資料3

資料4

(4) **カードR**について，問いに答えなさい。

① （ **い** ）にあてはまる国を，**地図2**の**ア～エ**から1つ選び，記号を書きなさい。

② **資料5**は，下線部**e**が出した法令
の一部である。この法令を出した目
的を「座」「市場」という語句を使っ
て書きなさい。

資料5 織田信長が出した法令の一部

> 一 この安土の町は楽市としたの
> で，いろいろな座は廃止し，さ
> まざまな税や労役は免除する。

地図2

③ 下線部**e**は，**資料5**の法令を出す
前に，自由な交通を可能とするための政策を行った。自由な交通を可能とす
るために廃止された交通の要所にあったものは何か，書きなさい。

(5) **カードS**から教子さんは
貿易港に興味を持ち，カー
ド**S**と異なる貿易港につい
て**資料6**，**資料7**，**資料8**
を見つけた。**資料6**，**資料
7**，**資料8**中の**Z**港のある
地域はどこか。**地図1**中の
ア～クから1つ選び，記号
を書きなさい。

資料6 Z港と東京港の貿易額の比較（2019年）

貿易港	輸出額（百万円）	輸入額（百万円）
東京港	5823726	11491331
Z港	2977283	1046491

資料7 Z港の主な輸出相手国や地域と輸出額（2019年）

主な輸出相手国や地域	輸出額（百万円）
中国	864866
（ホンコン）	477992
韓国	465464
その他	1168961

資料8 Z港の輸出品目の割合（2019年）

集積回路 28.3%
合計 2977283 百万円
その他 36.8
自動車 26.1
半導体等製造装置 4.0
タイヤ・チューブ 4.8

K 教英出版

(6) **カードT**について，問いに答えなさい。

① （　う　）と（　え　）の国の組み合わせとして正しいものを，次の**ア〜エ**から１つ選び，記号を書きなさい。

　　ア　（う）オランダ　（え）ロシア　　　　**イ**　（う）スペイン　（え）ロシア
　　ウ　（う）オランダ　（え）ドイツ　　　　**エ**　（う）スペイン　（え）ドイツ

② 下線部 **f** に関連して，18世紀末から19世紀前半にかけて，通商を求めて日本の沿岸に現れるようになった外国船に対する江戸幕府の対応を，**年表2**，**資料9**，**資料10**，**地図1**の⑦の地域にふれながら，60字程度で説明しなさい。

資料9　近藤重蔵が作成した地図

資料10　高野長英が幕府の政策を批判した文書の一部

> 打払いを行えば，イギリスは日本を理非もわからない野蛮な国と思い，不義の国であると他国にいいふらし，日本は礼儀を重んじる国としての名誉を失うことになる。

年表2

年号	出来事
1792	ラクスマンの来航
1798	近藤重蔵が国後島を調査する
1804	レザノフの来航
1808	フェートン号事件が起きる
1825	江戸幕府が法令を出す
1837	モリソン号事件が起きる
1839	蛮社の獄が行われる

(7) **カードU**について，明治政府は，下線部 **g** が日本にとって不利な条約であったため，条約改正交渉を行ったが，初めは改正に応じてくれる国はなかった。しかし，日清戦争直前になってイギリスが改正交渉に応じ，不平等条約の一部が改正された。教子さんは，イギリスが改正交渉に応じてくれた理由を考え，次のようにまとめた。**教子さんのまとめ**の（　**イ**　）と（　**ロ**　）にあてはまる語句を，**年表3**，**資料11**を参考にして書きなさい。

教子さんのまとめ

> 日本がイギリスとの間で条約改正に成功したのは，**年表3**にあるように，日本が（　**イ**　）を整えたことを受けて，**資料11**にあるように，（　**ロ**　）ことが必要であったイギリスが，日本の協力を得るために交渉に応じたからだと考えられます。

年表3

年号	出来事
1885	内閣制度が創設される
1889	大日本帝国憲法が発布される
1890	第一回帝国議会が開催される

資料11　1890年代の日本と周辺諸国

南に領土を広げたいロシアは，清に進出したイギリスと対立を深めていた

(8) 教子さんは，**カードU**以降の外国との関係についても考えた。

① 次の文は，**資料12**について説明したものである。（　　　）にあてはまる内容を，**資料13**を参考にして「承認」という語句を使って書きなさい。

> **資料12**は，1933年2月の国際連盟の総会で，（　　　）の引き上げを求める勧告が採択されたときのものです。これに反発した日本政府は，翌月に国際連盟からの脱退を通告しました。

資料12

資料13

矢印は日本軍の進路を示している

② 次の**ア〜エ**は，**カードU**以降の外国との出来事を，新聞記事の見出しのようにまとめたものである。年代の古い順に並べ替え，記号を書きなさい。

　　ア　「日独伊三国同盟成立　ベルリンで調印」
　　イ　「沖縄が日本復帰　『平和の島』を誓う」
　　ウ　「戦争終結の公式文書発表　ポツダム宣言を受諾」
　　エ　「サンフランシスコ平和条約調印　49か国が署名」

三 次の文章を読んで、あとの問いに答えなさい。

十七歳の篤は、大相撲の準備作業の取組前に力士の名を呼び上げる呼出として朝霧部屋に入門した。名古屋場所の準備作業の合間に、呼出の新弟子が入ることを聞かされた。次の文章は、その後に続く場面である。

十五時前に一日の作業が終わると、直之さんが「喉渇いたし、ちょっとひと休みしてから帰らねえ？」と今度はお茶に誘ってきた。篤もすっかり喉が渇いていたので、誘われるがまま、隣の駅近くにある喫茶店に入った。

ところが注文したアイスコーヒーが運ばれてくるやいなや、「達樹が言ってた話だけど。お前、新弟子が入ってくるのが不安なんだろ」と言い当てられ、ぎくりとした。

どうやらその話をするつもりで、お茶に誘ったらしい。午後の篤は、何度か①手が止まってしまい、たびたび注意を受けていた。ここ数場所は、そのように注意されることはなかったので、直之さんが異変に気づくのも無理はない。

「……ああ、はい。そうっすね」

またみっともないことをしてしまった、と思ったが仕方なく白状した。

その新弟子は、呼び上げや土俵築、太鼓なんかも、そのうち自分より上手くこなすかもしれないと不安になり、思考とともに、手も止まっていた。

篤の返事を聞くと、直之さんは小さくため息をついた。

「なんでお前はそんなに自信なさげなんだよ。この一年で、お前は充分変わったよ。だって、ほら」

そう言って直之さんは手を伸ばして、篤の腕を軽く叩く。上腕には小さな力瘤がついていた。思い返せば一年前の篤の腕は枝のように細くて、ひたすらにまっすぐな線を描いていた。

「その腕だって、土俵築ちゃんとやってきたからじゃん。呼び上げだってたまに調子外すけど、声も太くなってきたし。太鼓も、テンポゆっくりめになるけど必死になって叩いてるって、*2進さんから聞いたぞ」

「……なんか、褒められてる気がしません」

直之さんが、「ああ、ごめんごめん」仕切り直すようにアイスコーヒーを一口飲んだ。

「お前は怒られることも失敗することもたくさんあったけどさ、一年間、逃げずにやってきただろ。ちゃんと、お前は頑張ってたよ。近くで見てきた俺が言うんだから、間違いない」

そうきっぱりと言われて、思わず直之さんの顔をまじまじと見た。直之さんは一瞬、何だよと渋い顔をしたが、話を続けた。

「まだできないことも多いかもしれないけど、この一年、真面目にやってきただけでも充分偉いじゃん。今みたいに不安になるのも、お前がこの仕事に真剣になってる証拠だよ。たとえ新弟子がめちゃくちゃできる奴でもさ、大丈夫。④お前なら、これからもちゃんとやっていける」

お前なら、ちゃんとやっていける。

今しがたかけられた言葉が、耳の奥で響く。

同い年なのに仕事ができて、しかも頼りがいのある直之さんみたいになりたいと、ずっと思ってきた。まだ目標は達成できないかもしれないが、その直之さん本人から認められ、胸がすっと軽くなるのがわかった。

……そっか。こんな俺でも、大丈夫なんだな。

直之さんは急に真顔になって、もう二度とこんなこと言わねえからな、とストローを咥え、黙ってアイスコーヒーを吸い上げた。

「あの……ありがとうございます」

それでも篤が深々と頭を下げると、⑤直之さんは少しだけ笑ってみせた。

名古屋場所前日の*3土俵祭でも、最後に触れ太鼓の番があった。担いでいる太鼓を、兄弟子が*4トントントンと打ち鳴らす音を、篤も一緒に歩きながら聞いていた。先月練習したのと同じ節回しのはずなのに、篤が叩いていた音とは違った。軽やかで、何の引っかかりもなく聞こえる。耳元で⑥その音を聞きながら、明日からいよいよ土俵上の戦いが幕を開けるのだと実感した。最後に力強くトトトン、と音が鳴り、土俵祭が終わった。

— 3 —

自分が世界のなかで効力を持てる存在になりたいという気持ち」でもあります。自分を含めただれかの苦しみを取り除きたいとか、だれかに楽しさを与えたいといった目的を持ち、そのために何かができるようになりたいというのが人間の学びへの動機になります。ごく単純に言えば、楽しいこと、面白いことをやりたい、そして嫌なことを避けたいという気持ちに素直になり、そのために何かがやりたいと思うことが動機づけとなるのです。

何かをうまく達成するためには、先人たちの残してくれた知識が役に立ちます。ひとつ目の「見取り図や地図のようなもの」がそれにあたります。逆に言えば、何かをできるようになりたい。それで苦しみを取り除いたり、楽しみを増やしたりしたい、そういう気持ちがなければ、知識を求める意欲が湧かないのです。いくら先人の築いた知識があっても、自分の行動の役に立ってくれなければ意味がありません。

では、どうすれば、何かができるようになりたいと思うでしょうか。それは、まさに何かをやってみたり、あるいは、だれかが何かをやっているのを見たりして、それが苦しみを取り除き、楽しみを与えてくれているのを知る経験から生まれます。

〈中略〉

このように具体的に何かができるようになりたいという意欲が、知識とスキルの必要性を理解させ、さらにそれを改良しようとする気持ちにつながります。

（河野哲也『問う方法・考える方法――「探究型の学習」のために』ちくまプリマー新書より）

＊1　調度…日常使用する道具、家具など。
＊2　初等中等教育…高等学校までの教育。
＊3　蔑ろ…大事にしなければならないものを軽く考えて粗末に扱っているさま。

問一　──①「人間の行う知的活動」とはどのような活動か。二種類の活動を、それぞれ文章中から九字で抜き出して書きなさい。

問二　──a～dのうち、他と品詞が異なるものを一つ選び、記号を書きなさい。

問三　──②「これらは、文化と文明の両面を持っていると言えます」とあるが、「家屋」が持つ「文化」と「文明」の側面とはどのようなことか。それぞれ文章中の言葉を使って書きなさい。

問四　──③「文化は不必要な贅沢品だと言うことはできません」と筆者が考える理由を、筆者の経験を踏まえて書きなさい。

問五　　　　　にあてはまる言葉として適切なものを次のア～エから一つ選び、記号を書きなさい。

ア　つまり　　イ　ところで　　ウ　しかし　　エ　なぜなら

問六　──④「一種の見取り図のようなもの、あるいは地図のようなもの」とあるが、これはどのようなものか。文章中から十字以上十五字以内で抜き出して書きなさい。

問七　筆者は、「学ぼうとする意欲」を持つことが大切だと考えているが、私たちがそのような意欲を持つためには、学校で学習する上で、どのようなことを心がければよいか、あなたの考えを六十字以上八十字以内で書きなさい。ただし、文体は常体でも敬体でもよい。

教英出版

一　次の——線の漢字には読み仮名をつけ、平仮名は漢字に直しなさい。
①　戦線を離脱する。
②　空虚な理論。
③　参加者を募る。
④　人手が要る。
⑤　せっきょく的に取り組む。
⑥　ふんまつのお茶。
⑦　合格をいわう。
⑧　ごみをひろう。

二　次の文章を読んで、あとの問いに答えなさい。

①人間の行う知的活動には二つの種類があるといってよいでしょう。ひとつは苦しみを減らす活動で、これを「文明」と呼ぶことにします。もうひとつは喜びをもたらす活動で、これを「文化」と呼びましょう。

医療は、ケガや病気を治療し、予防しようとするのですが、それは苦しみを減らそうとする努力です。水道事業も渇きの苦しみや汚れた水を飲むことのa危険性、遠くまで水を汲みにいかなければならないb不便さをなくそうとするものです。交通ルールは、事故を防ぎ、安全でスムーズな道路の運行を作り出そうとしています。これらはなくてはならないc必要なものを生み出すという意味d で、文明だと言えるでしょう。

他方で、素敵な音楽を演奏する。美味しい料理を作る。楽しいお祭りやイベントを運営する。脚本を書いて、お芝居を興行する。これらは人々に喜びを与えるものですから、文化と言えるでしょう。文化は、命の維持を超えた価値を作り出し、人間らしい生活を提供してくれます。

もちろん、全てのものが二つにかっちりと分類できるわけではありません。スポーツはやって楽しいものですが、同時に健康づくりや病気の予防にもなるでしょう。家屋は、人が雨露をしのいで休息と睡眠をとる場所ですが、外見や調度が美しく、心のゆとりを与えてくれるものにもなります。②これらは、文化と文明の両面を持っていると言えます。

しかし、③文化は不必要な贅沢品だと言うことはできません。私が、東日本大震災が起こった三カ月後くらいに被災地にお見舞いに行ったときのことです。まだ公共施設で寝泊りしている人たちが、お子さんから高齢者の方まで、小説や勉強になる本が読みたいと訴えていました。被災した人々は、まだまだ生活が厳しい中でも、必要な情報を知りたいからというだけでなく、文化としての楽しみを得ようとして書物を探していたのです。小さな仮設図書館が開かれると、ひっきりなしにいろいろな年代の方が本を借りにきました。このときほど、人間は根源的に文化を必要としているのだと実感したことはありません。文化を求めるのは人間であることの証です。

今、文化と文明という大きな枠組みを述べましたが、探究型の授業のテーマとなるのは、このどちらか、あるいは両方に関わっているはずです。□、苦しいことを減らそうとするのか、楽しいことを増やそうとするのか、あるいは、その両方を兼ねたものかです。

探究型の授業を行うのに、一番大切なのは、学ぶ側が学ぼうとする意欲を持っているかどうかです。*2初等中等教育で行うべき最も大切な教育は、生徒に一生学ぼうとする動機づけを与えることです。これが*3蔑ろにされては学習が成り立たず、学習のないところには教育は存立しえません。

では、人はどういうことに学ぼうとする意欲を持つでしょうか。「知りたい」という気持ちには、大きく言って二種類の動機があると思います。ひとつは、④一種の見取り図のようなもの、ある世界がどうなっているかが分かるような、いわば地図のようなものがほしいという願望です。これは子どもの頃からの好奇心に近いものです。

もうひとつは、何かができるようになりたいという気持ちです。これは、「ケーキの作り方が知りたい」「自動車の運転ができるようになりたい」「うまくダンスが踊れるようになりたい」といったように、「ある行為ができるようになりたい」という気持ちのことです。

そしてこの何かができるようになりたいという気持ちは、「何かを達成して、

合格判定テスト
実力診断
——国　語——
その１

120 点以上 145 点未満…合格圏　　145 点以上…合格安全圏

村上高校	新発田南高校（工業）	新発田商業高校
新潟中央高校（音楽）	新潟西高校	新潟東高校
新潟工業高校	五泉高校	加茂高校
長岡大手高校（家政）	長岡農業高校	長岡工業高校
長岡商業高校	見附高校	柏崎常盤高校
柏崎総合高校	小千谷高校	十日町高校
高田農業高校	上越総合技術高校	高田商業高校
新井高校	糸魚川高校	

＜145 点以上をとれるようにしよう＞　　　各教科の目標点数は 145 ÷ 5 ＝ 29 点！

100 点以上 130 点未満…合格圏　　130 点以上…合格安全圏

村上桜ケ丘高校	中条高校	新発田農業高校
阿賀野高校	豊栄高校	新潟北高校
新潟向陽高校	巻総合高校	新津工業高校
新津南高校	白根高校	村松高校
阿賀黎明高校	新潟県央工業高校	三条商業高校
吉田高校	分水高校	加茂農林高校
正徳館高校	栃尾高校	柏崎工業高校
小千谷西高校	小出高校	八海高校
塩沢商工高校	十日町総合高校	松代高校
有恒高校	糸魚川白嶺高校	海洋高校
羽茂高校	佐渡総合高校	

＜130 点以上をとれるようにしよう＞　　　各教科の目標点数は 130 ÷ 5 ＝ 26 点！

2025 年春　新潟県公立高校受験
志望校合格判定テスト・実力診断

このテストの使い方

始める前に

◇カバーの裏面にある図を見て，収録物の確認をしてください。

テストの進め方

◇**各教科 50 分**で実施してください。始める前に，表紙の注意をよく読んでください。折り目に印刷してある帯状の部分は，違法コピーを防止するためのものです。

◇放送による問題は，教英出版ウェブサイトで音声を聴きながら行ってください。ウェブサイトでは，音声を何度でも無料で聴くことができます。**音声を聴くためのくわしい説明は，右のページにあります。**なお，音声をダウンロード購入していただくことも可能です。音声のダウンロード購入につきましては，書籍ＩＤ番号を入力した先のページをご覧ください。

◇音声の原稿は，**「正答例と解説」**内の【放送文】にあります。ウェブサイトで音声を聴くことができない場合は，そちらを読みながらテストを実施してください。

判定基準一覧表について

◇判定基準一覧表には，全日制の公立高校(新設 2 年以内を除く)を掲載しています。学科・コース等が複数ある高校で，判定のめやすとなる点数が異なる場合は分けて掲載しています。

◇判定基準は，「合格圏」以上の点数であったとしても，合格を保証するものではありません。現在の自分の実力を知るための 1 つの資料としてとらえ，今後の学習に役立ててください。

◇このテストは，**各教科 50 点満点で合計 250 点満点**になっています。判定基準はこのテストをもとに設定されているため，実際の公立高校入試の 5 教科の合計点数や傾斜配点に対応していない場合があります。

◇判定基準一覧表は，2023 年 11 月時点の情報をもとに制作しています。